高职英语教学法与教学实践研究

卜宪锋 韦花花 付岳梅 ◎著

中国出版集团
中 译 出 版 社

图书在版编目（CIP）数据

高职英语教学法与教学实践研究 / 卜宪锋，韦花花，付岳梅著. -- 北京 : 中译出版社，2024.4
ISBN 978-7-5001-7851-4

Ⅰ. ①高… Ⅱ. ①卜… ②韦… ③付… Ⅲ. ①英语－教学研究－高等职业教育 Ⅳ. ①H319.3

中国国家版本馆CIP数据核字(2024)第078473号

高职英语教学法与教学实践研究
GAOZHI YINGYU JIAOXUEFA YU JIAOXUE SHIJIAN YANJIU

著　　者：卜宪锋　韦花花　付岳梅
策划编辑：于　宇
责任编辑：于　宇
文字编辑：田玉肖
营销编辑：马　萱　钟筏童
出版发行：中译出版社
地　　址：北京市西城区新街口外大街28号102号楼4层
电　　话：（010）68002494（编辑部）
邮　　编：100088
电子邮箱：book@ctph.com.cn
网　　址：http://www.ctph.com.cn

印　　刷：北京四海锦诚印刷技术有限公司
经　　销：新华书店
规　　格：710 mm×1000 mm　1/16
印　　张：13.5
字　　数：217千字
版　　次：2024年4月第1版
印　　次：2024年4月第1次印刷

ISBN 978-7-5001-7851-4　　　　定价：68.00元

前　言

在经济全球化趋势日益增强的今天，作为世界语言的英语的作用更为凸显。进入21世纪以后，随着我国国际交往的日益频繁，社会发展需求和高等教育国际化所带来的学科发展需求的变化，要求大学英语的教学内容和教学目标做出相应调整的呼声越来越高。在进入电子传媒、网络时代后，新的学习方式，如慕课、微课等网络学习对传统的、单一的英语教学方式提出了挑战。因此，高职英语教学的深入改革与创新势在必行，英语教学有必要在转变教学思想、革新教学模式、创新教学策略、优化教学评估的基础上，寻求更大的进步与发展。

当今时代是以信息技术为主要标志的科技时代。为了进一步提升国际地位和影响力，我国需要和别国深化在各领域内的交流与合作事务，而英语作为国际通用的语言，已成为各国之间相互交流的重要工具。为此，我国正着力培养更多实用型、综合型的英语人才。作为培养英语人才的主要途径，英语教学受到了越来越多的重视。高职生是我国未来的栋梁，如何切实改善高职英语教学质量、提高高职学生的英语水平和素质，是摆在高职英语教学研究者和教师面前的现实问题。

本书主要研究高职英语教学法与教学实践。首先，从高职英语教学概论入手，简要分析了英语教学的理论基础、高职英语教学模式；其次，从教学角度阐述了高职英语知识教学、高职英语技能教学、高职英语教学常用方法；最后，从英语教学方法出发，介绍了高职英语课堂教学与实践、高职英语任务型教学法与教学实践、高职英语情境教学法与教学实践。本书对于从事高职英语教学或研究工作的人员有一定的阅读意义，也希望给对英语教学感兴趣的读者带来一定的帮助。

本书在写作过程中参阅了大量有关高职英语教学法的文献与资料，同时为保证论述的准确与全面，还引用了许多专家和学者的相关研究成果与观点，作者在此表示诚挚的谢意。因写作水平有限，书中不免有不当之处，恳请广大读者批评指正。

作者

2023年11月

目 录

第一章　高职英语教学概论

作为我国高等教育的一个重要组成部分，高职英语教学在为社会培养高素质的应用型英语人才的过程中承担着重要的责任。随着社会的进步、时代的变化，高职英语教学的现状也不容乐观。因此，我们应该更多地关注高职英语教学的改革和长久的发展。本章主要研究英语教学的理论基础，有针对性地提出一些有关高职英语教学发展的意见。

第一节　英语教学的理论基础

一、社会语言学

社会语言学是一门新兴的语言学分支，主要研究语言的社会本质和差别，以及影响它们的社会因素。由此可见，社会语言学将语言当作一种社会现象进行研究，并认为语言最本质的功能就是社会交际功能。美国社会语言学家海姆斯认为，儿童是在社会化的过程中自然而然地习得母语的，他们不仅能说出符合语法和本族语习惯的句子，还能在一定的场合、情境中使用恰当的语言。[①]另外，海姆斯还指出："交际能力是运用语言进行社会交往的能力，既包括语言能力，也包括影响语言使用的社会文化意识能力；既包括言语行为的语法正确性，又包括言语行为的社交得体性。"[②]这一理论，即"交际能力"理论。

总的来说，社会语言学主要研究语言与文化、职业等之间的关系，以及对语言在不同的社会环境和条件下的应用。社会语言学认为，人们在表达同一思想内容时所使用的语言会因为种族、民族、性别、年龄、身份、经济地位、文化程度及场合等方面的不同而产生很大的差别。例如：

---

① 王伊阳 . 探究交际语言教学中的交际能力 [J]. 新教育时代电子杂志 (教师版),2019,(38)：201.

② 同①

Come here, John.（对熟悉、亲近的人所说的话）

Come here please, Mr. Brown.（对年长的或不熟悉的人所说的话）

Would you please come this way, Mr. White?（在较隆重的正式场合或引导外宾时所说的话）

社会语言学的研究促使人们更加关注语言使用的得体性，同时也促使教育工作者更加重视培养学生得体地使用语言的能力。在此影响下，交际法应运而生。

二、比较语言学

比较语言学又称“历史比较语言学”。具体来说，比较语言学就是将相关的各种语言放在一起进行共时比较，或对某一种语言历史发展的不同阶段进行历时比较，目的在于找出不同语言之间及同一语言的不同发展阶段之间在语音、词汇、语法上的对应关系和异同。简单来说，比较语言学着重研究两种语言（外语和母语）或同一语言的不同历史阶段的异同。利用比较语言学，一方面，人们可以研究相关语言之间结构上的亲缘关系，找出它们的共同母语，或了解各语言的特点，以指导语言教学；另一方面，人们也可以找出语言发展、变化的轨迹，以及导致这些发展、变化的原因。19世纪，比较语言学的相关理论就被广泛地应用于印欧语的语言研究，并取得了不小的成果。

比较语言学在英语教学中的应用，体现在比较教学法上。教师通过比较英语与汉语两种语言可以发现英语的特点及两种语言之间的差别，从而预测和分析学生在学习英语过程中可能会遇到的难点，并据此有针对性地确定教学内容、制订教学计划，从而为学生提供恰当的指导和帮助。

三、结构主义语言学

结构主义语言学又称“描写语言学”。结构主义语言学认为，语言是一个完整的结构体系，由层次不同但相互联系的语法结构、语言成分两部分组成。

结构主义语言学是在行为主义心理学的基础上形成的，它将语言学习过程视为一个行为形成的过程。行为主义者认为，人的学习过程包括三个要素：刺激、反应和巩固。结构主义语言学认同这一观点，并认为人们就是在反复刺激和反复巩固中逐渐学会一门语言的。

结构主义语言支持者十分重视口语技能。他们认为，在语言听、说、读、写四种技能中，学习者应该先学听、说，后学读、写。他们还认为，语言的学习顺序应该遵循语言描述的顺序，即语言学习应该首先从音素开始，然后依次是词素、单词、词组和句子结构。另外，结构主义学派认为，语言之间存在差异，因此，教师应该熟悉外语和母语之间的异同，从而有针对性地编写适合本国学生的教材，并对其中的不同点展开重点训练。

结构主义语言学派认为，外语学习的过程就是一个外语习惯养成的过程。外语教学也应该遵循这一原则，通过不断的、正确的刺激与反应逐渐取得良好的效果。所以，结构主义语言学派认为，学生在开始阶段就应该学习地道的语音、语调及正确的句型、语法。英语教学中的听说法就是以结构主义语言学为理论依据发展而来的，而句型操练就是这种教学理论的典型代表。

相对于传统语法学派而言，尽管结构主义语言学对语言的研究已经有了不小的进步，但受行为主义心理学的影响，他们将语言行为描述成刺激—反应—巩固的过程，使人的语言在功能上等同于动物的呼叫，这就显得十分荒谬。因此，结构主义语言学派长期以来饱受质疑和批评。

四、建构主义学习理论

20世纪后期，随着心理学的发展及心理学家对人类学习过程中认知规律研究的不断深入，认知理论的一个重要分支——建构主义学习理论在西方流行开来。建构主义学习理论是认知主义学习理论的发展，它从认识论的高度提出了认识的建构性原则，强调了认识的能动性。

五、行为主义学习理论

行为主义学习理论兴起于20世纪50年代的美国，该理论认为，学习是刺激与反应之间的联结。他们假设行为是学习者对环境刺激所做出的反应，将环境视为刺激，将伴随而来的行为视为反应，认为所有行为都是习得的。

行为主义学习理论对外语教学产生了重大影响，这些影响在实际的英语教学中随处可见。例如，课堂教学中的句型操练、测试，教师通过表扬来鼓励好的行为、通过批评来制止不好的行为等，都体现了行为主义学习理论的观点。另外，教师通过某种干预试图改变学生的行为，帮助学生学习知识、发展技能，并测评学生的表现，这些同样是受到行为主义学习理论影响的结果。

行为主义认为，学习是一个不断尝试错误的过程，也是一个习惯养成的过程。语言学习需要通过一系列的步骤逐渐达到，而在这个过程中学习者需要经历多次尝试、失败和修正。美国心理学家桑代克认为，学习可以在没有意识参与的情况下自动形成刺激-反应联结，通过反复训练，学习者就会对特定的刺激产生习惯的反应。①语言学习同样可以通过无意识的反复训练来掌握语言知识和语言技能。

美国心理学家斯金纳则认为，行为同样可以对环境产生影响，而环境的改变反过来又会影响学习者未来的行为。②例如，学生可能因为受到表扬而继续某种行为，也可能为了避免某种惩罚而停止某种行为。因此，在英语教学中，教师对学习者表现的反馈十分重要。

六、人本主义心理学

人本主义心理学兴起于20世纪60年代的美国，该理论认为，教育的作用只是为学习者提供一个充满人情味的心理环境，给学习者以辅助，从而使学习者固有的优异潜能得到发挥。另外，美国心理学家罗杰斯（C・R・Rogers,1902—1987）还提出了“自主学习”和“以学生为中心”的学习观与教育观。

人本主义心理学强调的是人们自我指导、自我发展和自我实现的过程，其在教育思想上的反映就是倡导认知与情感的统一，主张以学习者为中心，建立良好的师生关系，营造一种宽松的学习氛围。教学中要以学生为中心，教师只是学习的促进者、协作者，或者说话伙伴、朋友，学生才是学习的关键，学习的过程就是学习的目的之所在。由此可见，相对于教学内容和教学结果而言，人本主义更重视教学过程和教学方法，并认为教学的目标是促进学习。

人本主义心理学的有关理论对20世纪70年代的教育思想有着极为深刻的影响，能够反映其理念的教学方法有沉默教学法、暗示教学法、全身反应法和社团教学法等。

① 胡永萍 . 桑代克教育心理学思想述评 [J]. 江西教育学院学报 ,1997,(7)：56-90.

② 王雪倩 . 斯金纳强化理论在大学英语教学中的应用研究 [J]. 海外英语 ,2020,(14)：147-148.

七、乔姆斯基的语言学理论

美国哲学家乔姆斯基主要研究的是语言能力，而非语言运用，其有关语言能力的转换生成语法理论的研究对象就是“被理想化了的说话人和听话人的语言知识”。[①]乔姆斯基认为，语言理论的主要任务是向人们提供语法选择的标准，而生成语法就是这样的语法理论。生成语法理论的中心思想是：某种语言的语法应可以生成所有的句子。乔姆斯基认为，语言运用是使用某种语言的具体行为，而语言能力则是说该语言的人对这种语言的内在认识。他认为，语言能力是一种创造过程，特别强调了语言的创造性。

一般而言，语言能力和语言运用之间没有必然关系，语言运用并非语言能力的直接反映。乔姆斯基说，他的语言理论与索绪尔的语言理论有一定联系，不同的是，瑞士语言学家索绪尔的语言理论主要区别的是语言与言语的关系，而他的语言理论主要区别的则是语言能力与语言运用的关系。[②]

八、皮亚杰的发生认识论

发生认识论是由瑞士语言学家皮亚杰最早提出的，它是一种关于认识论的理论。[③]该理论依据的是以皮亚杰为代表的日内瓦学派对儿童心理发展的研究和其他学科有关认识论的研究。发生认识论试图以认识的社会、历史根源，以及认识所依据的概念和“运算”的心理起源为依据来解释认识，尤其是科学认识。

发生认识论是皮亚杰心理学的核心理论。该理论主要研究人类的认识，包括认知、智力、思维、心理的发生与结构。他认为，无论一个人的知识多么高深、复杂，都可以追溯到他的童年，甚至是胚胎时期。因此，皮亚杰认为，人出生以后如何形成认识、发展思维，受哪些因素制约，各种不同水平的智力及思维结构是如何先后出现的等问题都值得研究。

九、克拉申的第二语言习得理论

美国语言学家斯蒂芬·克拉申于20世纪70年代提出了著名的语言监控理

---

① 常朝霞 . 乔姆斯基语言学理论探究 [J]. 鞍山师范学院学报 ,2020,(3)：51-56，91.

② 杨彦豪 . 语言精髓的再探寻——索绪尔与乔姆斯基语言观比较 [J]. 作家天地 ,2023,(11)：99-101.

③ 王佳 . 皮亚杰发生认识论及其教育思想论述 [J]. 卷宗 ,2019,(19)：307.

论。[①]该理论包括五个部分：习得/学习假设、自然顺序假设、情感过滤假设、监控假设和输入假设。下面，我们就对这五个部分展开介绍。

（一）习得/学习假设

克拉申认为，“学习”和“习得”不同。“学习”是学习者通过课堂学习等方式有意识地掌握语言语法规则的过程。语言学习与有意识的系统联系在一起。学习者是通过有意识地学习语言规则和改正语言错误去掌握外语的。“习得”则是学习者在无意识的状态下掌握语言能力的过程。换言之，“习得”是指学习者在任何场合下都能够迅速、流利、灵活地运用这些规则进行交流。有意识的学习过程与无意识的习得过程是互相独立的。

人们一般认为，第一语言是习得的，而外语是学习的。但克拉申则认为，外语也应该，而且可以通过习得来获取；学习者可以在自然交际中使用语言来发展语言能力；而语言学习只能监控和修正语言，却不能发展交际能力，只有习得才能够发展交际能力。

（二）自然顺序假设

“自然顺序假设”是在普遍语法和过渡语理论基础上发展起来的。该假设理论认为，人们对语言的自然习得是按自然顺序进行的。这里的“自然习得”是指非正式学习。无论语言学习者的文化背景有多大的不同，他们学习外语时的语法难点都是共同的，换言之，他们都有几乎相同的习得语法顺序。有实验证明，在将英语作为第二语言学习时，无论是儿童还是成年人，他们对进行时的掌握一般都早于对过去时的掌握，对名词复数的掌握都早于对名词所有格的掌握。不过，克拉申认为，人们制定教学大纲时并不需要以自然顺序假设为依据。实际上，如果外语教学的目的是让学生习得某种语言能力，就完全可以不按任何语法顺序来进行教学。

（三）情感过滤假设

“情感过滤假设”中的“情感”，指的是学习者的动机、需求及情感状态。

① 闫蒙蒙．克拉申第二语言习得理论对大学英语第二课堂建设的启示研究 [J]. 北方文学 ,2019,(14)：131-132.

这些情感因素对语言的输入具有调节功能，或促进语言输入，或阻碍语言输入，因而又被视为可调节的过滤器。过滤器对语言输入而言是必不可少的。只有通过过滤器，语言输入才能到达语言习得机制，从而为大脑所吸收。外语学习者对所学语言的情感是积极的，还是消极的，对语言输入的影响很大，积极的情感态度有助于更多地输入目的语，而消极的情感态度则会过滤掉很多的目的语。

（四）监控假设

监控假设与习得/学习假设关系紧密，它反映了“语言习得”和“语言学习”之间的内在关系。根据监控假设，语言习得与语言学习的作用是各不相同的。不同之处在于：语言习得系统，即潜意识的语言知识，才是真正的语言能力；而语言学习系统，即有意识的语言知识，只是在第二语言的运用中起监控或编辑的作用。这种监控功能既可能发生在语言输出（即说、写）前，也可能发生在语言输出后。但是，监控功能要想发挥作用还须满足以下三个条件：

1.有足够的时间，即语言使用者需要足够的时间才能有效地选择和运用语法规则。

2.知道规则，即语言使用者必须掌握了所学语言的语法概念和语言规则。

3.注意语言形式，即语言使用者必须注意所用语言的形式，考虑语言使用得是否正确。

这种监控作用在不同的语言交际活动中会导致不同的交际效果：在口头表达时，由于语言输出的速度相对较快，如果说话人说话的时候过分考虑语法使用语法监控，企图不断地纠正自己的语法错误，说起话来就会结结巴巴，妨碍交际的顺利进行；而在书面表达时，由于语言输出的速度相对较慢，且受话人也更关注语言的形式，作者有足够的时间推敲词句、斟酌语法，因此交际效果就会好很多。

（五）输入假设

输入假设是第二语言习得理论的核心，它与学习无关，而是与习得相关。输入假设认为，语言使用能力不是教出来的，而是随着时间的推移，接触到理想的输入后自然而然形成的。由此可见，理想的输入对语言能力的形成具有重要意义。

理想的输入应具备以下四个特点：

1.足够的输入（i+1）。i+1是克拉申提出的著名公式。其中，i代表习得者现有的水平；i+1表示语言材料应略高于习得者目前的语言水平。根据这一观点，人们无须故意输入i+1类的语言，只要习得者能理解输入的材料，且达到了一定的量，就意味着已经自动有了这种输入。

2.可理解性。理想的输入意味着输入的语言必须可以被理解，不可被理解的输入对学习者不仅无用，还会损害学习者学习的积极性。尤其是对语言初学者而言，若只听那些无法理解的语言就等于浪费时间。由此可见，可理解性的语言输入是语言习得的必要条件。

3.既有趣，又有关联。输入的语言材料若具有一定的趣味性，且与习得者的生活有一定的关联，就会增强语言习得的效果。

4.非语法程序安排。在语言习得的过程中，按语法程序安排的教学活动，一方面存在量的不足；另一方面也是完全不必要的，重要的是要有足够的、可理解的输入。

十、斯温的输出假设

根据加拿大法语沉浸式教学结果，斯温提出了输出假设。①她认为，要想实现语言习得，语言输入是必要条件，但并非充分条件；要使学习者达到较高的外语水平，除了需要可理解的输入，还需要可理解的输出。学习者必须充分利用现有的语言资源，通过积极思考使输出的语言更恰当、准确和容易理解。只有这样，学习者才能不断提高语言表达的流利程度，并意识到自己在语言使用中存在的问题。因此，在外语教学中，教师应该为学生提供足够的使用语言的机会，增强学生使用语言的流利性和准确性。

十一、错误分析理论

20世纪中后期，兴起了一股对第二语言和外语学习者错误研究的趋势。这种研究主要通过比较学习者的母语和目标语这两种语言来探求它们之间的异同。

错误分析理论认为，学生学习外语就像儿童学习母语一样，首先对目标语

① 钟丽．输入/输出理论对大学英语口语教学的启示[J].考试周刊,2011,(67)：111-112.

做出各种假设，然后不断在语言接触和交际使用的过程中检验这些假设。在此过程中，错误是不可避免的，同时也是十分必要的。因为错误反映了学习者对目标语所做的假设与目标语体系不符，这就会引起学习者的格外注意，并有针对性地进行纠正。通过观察、分析这些错误，教师可以了解学习者如何建立假设并检验它，了解外语学习者学习的方法及对目的语的熟悉程度。

错误分析理论的提出，使人们能够用更客观、理性的态度看待错误，认识到错误不是可耻的，而是能对语言学习产生重要导向作用的。随着语言学的不断发展，语言学家对错误分析理论的研究必将逐渐深入，在不断地研究中进一步充实和完善它，使其对外语教学产生更大的指导作用。

第二节 高职英语教学模式

一、教学模式的内涵

（一）模式含义

现代汉语词典中将“模式”定义为“某种事物的标准形式或使人可以照着做的标准式样”。英文中“模式”的对应词为model，但是英文与中文中对“模式”的阐述并不能等同化。英文中对“模式”的界定翻译后可解释为“事物存在和发展的方式：事物自身的体系与框架，事物过程中包含的一系列信息；可被学习者用来进行学习与效仿的一系列标准”。通过对比中英文中对于“模式”的界定可知，二者在范畴上或存在差异。结合国内外学者对“模式”一词进行的界定，可将模式从宏观、中观和微观三个层面进行界定。

从宏观上看，模式即为事物存在的形式和形态，任何事物均有存在的形态和方式，宏观上的“模式”摒弃了事物在细节上的存在方式，对事物本质上的存在形式予以界定，而通过对事物发展做减法，旨在强调事物运行形式的清晰化与简洁化。

从中观上看，模式强调对事物的发展进行归纳法和演绎法的界定，对事物的发展进行类比、推理、改进与分析，明确理论逻辑体系和实践体系，使得事物具有可效仿性和可实践性。而科学实践体系的制定，使得实践的过程具有可复制性。所以说，中观上的模式实际上是一套可以效仿与不断重复的行为方式，是一种行之有效的行为路径。

从微观上看，影响事物运行结果的变量数量较为庞大，而模式即旨在通过对变量划分维度，通过对不同维度中的变量进行阐述，明确事物运行过程中各个组成部分的权重，对思想与行动的变量进行控制，最终探究事物发展的共性。微观意义上的模式实际上具有数学的量化性质和图示性质，一方面旨在明晰事物发展的流程性；另一方面明确流程中的因子所占据的量化地位，最终的落脚点是通过制定较为精密可行的实践准则，强调行动的共性。

从本质上看，“模式”实际上是一种理论的简化，一方面反映事物的本质，另一方面强调行动的共性。同时，模式也具有两个向度：一方面在于理论向度；另一方面在于实践向度。在理论向度上强调对事物发展过程进行归因，并指导实践；在行动上通过对行动进行明确的归纳和界定，明确实践具体的开展方式和方法，具有范式的意义。

综上，通过对“模式”的概念进行界定，实际上也说明了进行研究的必要性。建立一定的模式，使得以就业为导向的高职英语在理论上具有明晰性，在实践上具有可操作性，在明确英语实用性与专业英语理论内涵的同时，对其具体的行动方式予以界定，这是探讨以就业为导向的高职英语教学模式的宗旨所在。

（二）教学模式的界定

教学模式是用简要的语言、符号或图表等方式表达、反映特定的教学理论，并根据特定的教学目标而设计的、比较稳固的各类教学活动顺序结构的程序及其教学策略、教学方法系统的整合体。

从以上教学模式的概念我们可以看出，教学模式一方面是实施一种教学理论，反映了一种教学理论或教学原理和教学规律，规定了特定的教学目标和比较稳定的教学过程的结构、程序及必须遵循的教学原则以指导教学实践；另一方面，教学模式也是具体实施操作的策略和方法，将教学策略、方法、教学组织形式和教学手段整合成一个具体完整的操作体系，以便教师能依据比较科学的操作程序、步骤、策略、方法和手段实施教学活动。因此，教学模式是一种既具理论性，又含操作性的典型形式，是介于教学理论和教学实践之间的桥梁。它既可避免因理论高度抽象而难以理解和把握，又可防止因教学方法过于零乱、复杂、琐碎或不得要领而难以应用和实施；它既可使理论转化成具体清晰、准确、鲜明的几条原理，易于理解、把握、迁移和指导教学实践，又能使杂乱无章、琐碎无序的方式方法条理化、程序化、规律化、完整化、系统化和理论化，从而便于操作、应用和实施。

一种典型的教学模式不可能仅仅针对一个具体的知识点，一个知识点也难以构成一种教学模式来进行教学。教学模式是针对--类知识构建自身系统化的体系。因此，一个具体的知识点只有从属于某类知识时，才能以该类教学模式进行教学，如某项语法知识或语法知识中某一时态，都可以采用语法规则的教学模式进行教学。但仅仅是一个词或一个句子的个别或偶然的教学现象是难以产生或构建教学模式的。教学模式不可能在个别、偶然的教学现象中产生，而只能在一类知识或能力概括的、能揭示普遍规律的并可重复模拟标准化的教学活动中构成。作为模式是相对稳定的，但不是固定不变的。它在不同情境中是可把握、可模仿、可变动的，也是可修正和发展的，但是理论和结构体系本质上是稳定的。

教学模式要针对教学内容的不同领域、不同层次来构建，并具有理论性和可操作性。它既不能过于宏观和粗放，也不能过于微观和细化。教学模式过于宏观粗放就会缺乏针对性、操作性，使教师可望而不可即；而过于微观、细化、支离破碎，则会使教师无章可循。

（三）教学模式的特征

第一，教学模式具有层次性。教学模式具有诸多组成部分，从宏观上看，教学模式具有学科的分异和学科的界限，细化到英语教学方面，结合英语的听、说、读、写各个部分的特征，使得英语教学可以培养学生的综合能力；在中观层面看，教学模式由各个部分构成，包括基础知识、文化脉络、精神核心、操作方法和反思反馈等各个部分，通过对各部分予以分化和理解，明确学科边界和宗旨；在微观层面看，学科的层次性表现为对具体内容的细化，其中包括课程设置、考核机制、反馈机制及再学习的过程，通过明确各个学习步骤的层次性，增强学习结果。

第二，教学模式是实践的产物，有待实践的检验。对教学模式的研究，一般来讲应是定量研究，只有开展定量研究，才能对教学模式的具体过程及其反馈机制进行阐述，使教师在教材编写阶段、备课阶段、教案编写阶段、课程设计阶段、评价反馈阶段及新一轮课程设计阶段中明确存在的问题，明确实验组和对照组的差别。对教学模式的量化研究予以重视，旨在通过制订可行性方案提升教学的水平，促进学生学习技巧、学习方法的形成，促进知识脉络的体系性建构。

第三，一定的教学模式是一定教学理念的产物。教学模式虽然是实践的产物，但均是在理论体系的建构下进行细化的。其中，人本主义学习理念、建构主义学习理念、合作学习理念、实用主义学习理念等均为教学模式的指导思想。教学模式是对教学实践的经验性总结，将教学经验界定为一定的教学模式，其中包含有理念和实践的双重属性。

综上所述，一定的教学模式是一定理念与实践的产物，体现为理念—实践—评价—反馈—再实践—理念建构的循环。故而进行教学模式研究的过程中，应明确上述流程之间的关系，通过建构循环，明确教学模式开展的过程，通过有机协调，提升模式化教学的成果，最终提高教学的效率。

（四）教学模式的结构

不同学者对教学模式有不同的界定，但是他们在当前教学模式的结构认知上基本趋于一致，只是表述不一而已。参照我国学者李定仁关于教学模式的结构分析，将其结构分为教学思想或教学理论、教学目标、教学结构、教学条件、教学策略、教学评价六部分[①]。这六部分是相互蕴含、相互关联的，共同构筑成一个完整的教学模式。

1.教学思想

任何教学模式都是建立在一定的教学思想或教学理论基础上的。有的教学模式是在长期的实践中形成的，虽然可能一开始并没有明确的教学理论作为依据，但是对教学经验进行研究、分析和概括时，总是会需要一定的指导思想。

2.教学目标

教学模式往往都会指向一定的教学目标，是为达到或者实现某些特定教学目标而制定和设计的。例如，自主学习模式的目标在于帮助学习者改变脑力劳动的片面性，以学生作为学习的主体，通过学生独立地分析、探索、实践、质疑、创

① 李定仁，李如密．教学流派初探 [J]. 教育理论与实践 ,2004,(1)：46-49.

造等方法来实现学习目标，逐步培养学习者的自主学习能力。

3. 教学结构

教学结构是教学模式各因素的联系方式，是各因素主要变量的互相联系和作用，是排列组合的比较稳固的结构。依据教学理论和教学目标，凭借信息论、控制论、系统论等的理论指导，教学结构可分解成彼此独立而又前后衔接、相互联系的阶段和具体操作的程序和步骤。操作程序是根据教学活动开展的逻辑步骤、实践序列展开的。不同的教学结构，其操作程序也不同。因此，操作程序是教学结构得以存在的重要条件。

4. 教学条件

教学条件是指根据一定的教学目标，使教学模式产生效果的各种条件。不管是何种教学模式，其都有一定的限制条件。只有在这些限制条件下，教学模式才能发挥效用。教学条件涉及多个层面的内容，如教师、学习者、教学材料、教学时空、教学媒介等。例如，网络自主学习模式需要有网络课程、网络教室等教学条件的支持。

5. 教学策略

教学策略是指在教学过程中积极有效的教学途径、方法和技巧的内隐思路与外显行为。有时，教学策略的内隐思维活动能由外显行为凸显；但有时，教学策略却无法以外显行为显示，难以被观察和感知，而常以观念性、方案性、情境性图式和网络贮存在内隐思维中。国内外学者研究证明，学习效率与策略的运用存在正相关。积极有效的策略是减轻学生学习负担，全面提高教学质量和学生素质的重要途径。

6. 教学评价

教学评价也是教学模式的一项重要内容，包含教学评价的标准和方法。教学模式的程序、目标、条件不同，其评价标准和方法也不一样。一个教学模式，一般都会对评价标准和方法产生影响。例如，罗杰斯的非指导性教学模式是帮助学生达到更大程度的个人的综合和现实的自我鉴定，教学的学习评价主要是学生的自我评价，这种自我评价使学生更能为自己的学习负起责任，从而更加主动、有效、持久地学习。①

① 周忠生，田宗友．罗杰斯的“非指导性教学”模式评述 [J]. 外国中小学教育 ,2002,(6)：44-46.

总之，教学结构是构成教学模式的基本成分和决定教学模式的内在条件。教学模式的六个基本要素，即教学理论、教学目标、教学程序、教学条件、教学策略和教学评价，组成一个相互联系的综合体。其中，教学目标是教学模式的核心因素，它在特定的教学理论指导下，制约着教学方法、教学条件、教学策略和教学评价。教学程序、教学条件、教学策略、教学方法和评价都要围绕完成教学目标的设计安排，为完成教学目标服务。

教学结构是教学模式的关键因素。教学模式是通过结构形式来表述教学活动全过程的。教学结构本身是教学要素的联系方式，而教学要素之间相互作用的联系方式主要体现在具体的时空形式上。教学结构被分解成彼此独立而又相互联系、相互衔接、相互作用的几个阶段和具体的步骤、程序。由此，教学模式常定名为三段式或三步式教学模式。程序、阶段、步骤是以时间先后排列发挥各要素之间相互作用的。这种各要素按纵向时间先后排列是时间上的联系。教学模式的各因素之间还常以平列的空间排列，决定发挥它们横向联系的作用，这是空间上的联系。

由于教学模式各因素在时空范畴内排列组合不同，也就形成不同的模式类型。又由于学习内容的类型差异而采用不同的策略、方法、手段也呈现出不同的排列组合，则需要对各内容类型设计出有针对性的各种不同的教学模式。再由于教学模式中的某一因素的变化能引起该模式的组合变动，进而还能引起模式的变化。在实施某一种教学模式时，师生要处理好各因素之间的关系，发挥各因素之间相互作用的互动功能，发挥各因素相互之间辩证统一的整体优势，从而促进学生提高学习效率，发展全面素质，激励教师提高教育教学水平。

一切教学模式结构的主要因素都是相同和一致的。为什么会出现色彩缤纷、千姿百态的教学模式呢？主要原因是教学模式结构中各因素联系方式在各因素间的时空上表现出不同排列组合的形态。横向空间联系形态之所以能起变化，主要是由师生双方、教材内容和班级、小组组织形式的因素之间排列组合不同和变化所引起的；纵向时间联系形态之所以能引起变化，主要是由于根据教学理论、教学目标、教学内容设计的教学程序、阶段和教学策略方法的步骤及其反馈系统之间的排列组合不同和变化引起的。横向空间各因素的有机联系和纵向时间形态各因素间的有机结合，二者相互整合成时空联系的网络。

（五）教学模式的功能

作为教学理论与实践的中介和桥梁，教学模式一方面能够以简化的形式表达一种教学理论和思想，便于人们利用和把握；另一方面，能够为教学使用者提供实现教学目标的程序、条件，从而使他们不断改进教学方法和过程。因此，从总体上来说，教学模式不仅具有理论的功能，还具有实践的功能。一般来说，教学模式主要包含以下五大功能：咨询阐释、描述组建、诊断预测、示范指导、系统改进。

1.咨询阐释

作为教学理论的简化，教学模式可以运用简明的语言文字、象征性的符号对教学理论的基本特征进行阐释，使教师更加迅速、直观地领会和把握教学模式的精神，从而更好地完成教学任务。教学模式的咨询阐释功能的发挥，有助于教学理论的传播和普及。教师通过对教学模式理论的把握和操作的理解，有助于其增强驾驭教学模式的信心，自觉地接受教学理论的指导，克服教学活动的盲目性，使教学更具有效性。

2.描述组建

教学模式将实践中已证明的行之有效的教学经验筛选出来，经过简化和概括，组建成一种稳固的活动程序和结构框架，用以对某些特定的教学活动所涉及的各个因素及其相互关系进行描述。教学模式的组建往往需要建立在某一主题之上，这就使得教学模式具有强大的个性特点和凝聚力。经过教学模式组建的教学理论，不仅是精练的部分，还是典型性的、可行性的部分。作为一名优秀教师，应该能够利用教学模式的描述组建功能，对不论是自己的还是他人的成功的教学经验进行升华和加工，使这些教学经验成为一般理论，最终提升教学理论的概括层次。

3.诊断预测

教学模式的诊断预测功能指的是教学模式能够对教学结果进行预见和预期。与教学模式的功能目标、理论基础、操作程序、实施条件进行对照，可以对教学活动进行诊断，从而发现教学中的一些问题。对教学中的实施条件不完备、教学目标不明确等问题查找原因，从而找到改进的方法。

4.示范指导

教学模式为一定的教学理论在教学实践中规范运用以便于执行较为完备的实施程序。初任教师如果掌握一些常见的教学模式，那么他们就有了展开教学的武器，可以更快地进行独立教学。教学模式的示范指导功能，是教师实施教学的途径，并不限制或者扼杀不同教师的创造性。当教师在实施这些途径时，可以从具体的情境和教学条件出发，形成适合的教学模式变式。教学模式的示范指导作用对于青年教师而言也非常重要，有助于青年教师尽快开展独立教学，快速融入规范化的、正常的工作程序中。

5.系统改进

通过运用教学模式，可以使教学活动更加系统化。为了适应新的教学目标，就需要在教学条件、教学程序上做一些更改，同时教师也需要提高自身的教学水平，使教学模式得以转化，用最完善、有效的教学模式取代落后、僵化的教学模式。教学模式的系统改进功能是建立在教学系统观的理论基础上的，其要求以系统的、完整的眼光来看待教学模式的改进。教学系统改进功能的发挥有助于带动师生关系、课堂教学、教学管理、教学评价等内容发生改变。

（六）教学模式的价值取向

教学模式的价值取向充分体现在教学模式特点之中。一旦教学模式的特点得以充分发挥，那么其价值观就能得以充分体现，教学效率也能得以提升。这里仅以整体性价值取向和简约直观性价值取向为例。

1.整体性价值取向

教学模式的整体性结构能使教学理论、目标、原则、内容、程序、策略、方法、手段等各种因素组合成相互联系、相互作用的整合体，能充分发挥教学模式的整体功能。这既有利于冲击原有的孤立、单一因素的范畴框架，又有助于突破孤立、单一因素的束缚。孤立、单一因素势单力薄，难成气候，难以改善教学的局限性。部分传统的教学理论脱离了课堂教学的实际，脱离了学生社会生活的实际，成了高深莫测、摸不着边际的抽象理论，极难用以构建模式和指导实践。而教学模式中的理论是从教学实践中提炼出来的理论，它能直接指导教学目标的制定，教学程序、阶段、步骤的优化排列组合，教学策略、方法、手段的优选协调，从而充分发挥教学模式内在各因素间整体、互动的能动作用。这种理论联系实际、指导实际、获取反馈升华的教学模式，既能突破原有的理论体系和教学结构，又能重新审视、探索、创建积极有效地解决教学实际问题和提高教学效益的理论体系和优化的教学结构。而且，缺乏科学的理论导向的孤立、单一的教学方法，不足以影响教学改革的方向和促进教学改革的成效，只有发挥教学模式的整体效应，才能更好地促进教学改革在健康道路上获得新的、积极有效的加速发展。

2.简约直观性价值取向

教学模式的简约直观性能使一种教学理论直接联系和指导教学实践，发挥其中介联系作用。采用简单明了的语言、符号或图式，呈现直观、具体、生动的教学模式，使人容易理解、把握和操作，能快捷、积极、有效地提高教学效率。

二、英语教学模式的类型

（一）输入输出式教学模式

输入输出式教学是现阶段我国英语教学的主要模式，也是英语教学的主要模式，输入输出教学模式要求教师从学生的预习上课、作业、考试等学习过程设计“输入—输出”活动，从教师的备课、讲课、辅导、批改作业、成绩考核等教学过程设计“输入”方式，教师将自己掌握的东西尽可能地灌输给学生，学生将所接收的东西进行应用，合理地“输出”，从而达到教学目标。

（二）交往讨论式教学模式

在课堂上或者课下教学，教师往往会组织学生成立一些英语学习小组，在小组里鼓励学生大胆地用英语交流。在很多学校中，要求各个班级的学生必须展开英语交流会、英语辩论赛等活动，并将这些活动写成报告材料，作为评优考核标准之一。

（三）融合其他学科形成的教学模式

高职教学模式中最理想的状态就是将各个学科综合起来，融会贯通。语言教学虽然作为一种特殊课程，但也离不开和其他课程的配合，在教授学生专业知识的同时，需要和其他课程有机地结合起来，共同促进学生的成长与进步。高职英语教学也存在这种情形。现在很多学校都开展了“双语语码转换式教学模式”，即要求各个学科的教师将平时在授课过程中所涉及的英文部分转化成汉语传递给学生，这也是英语教学的一种很重要的模式。

（四）构建有效的英语教学模式

1.英语教学模式要立足于现实

高职英语教学模式在构建的过程中会存在很多困难，需要经过多方位的探索。但是在构建高职英语教学模式时不要脱离实际情况，如学校的教学环境、师资力量等因素都需要综合考虑，应立足于现实，并在实施过程中不断修正，才能获得良好的教学成果。

2.英语教学模式要注重学生的内在因素

英语教学模式的改革要注重学生的内在因素。随着人文主义的兴起，学生的学习态度、学习信心等内在因素在学习过程中的作用非常明显，在设计教学模式时要把学生内在因素考虑在内，这样才能保证教学活动的顺利进行。例如，有的学生基础比较弱，教师在教学过程中可以有针对性地教学，对其实施“一对一”的教学模式。

3.英语教学模式要注重跨文化研究

英语教学模式的改革要注重跨文化研究。近年来，国内外在英语教学研究中逐渐打破语言教学的狭隘语言中心主义，转向更宽广的视角——从文化的角度研究英语语言教学模式，文化在英语教学模式中异军突起。关于跨文化的教学与研究已经有很多学者和专家进行了解读，普遍的观点是，跨文化的学习对于学习英语有正面的积极作用，学生需要在英语学习中了解文化的多元化发展和多元化内涵，以便更好地学习英语和培养英语思维。

4.英语教学模式要以学生为中心

传统的教学模式往往以教师为中心，而英语教学模式则以学生为中心。教师可经常组织活动，让学生积极参与并作为活动的主导者，以课程内容为相关背景与大家分享心得体会，这样不仅可以培养学生对英语的浓厚兴趣，也可以使教学形式更加多样化、多元化，有利于学校教育事业的发展。总之，英语教学模式研究要从实际出发，发挥学生的主观能动性，注重学生的内在因素，切实符合学生的发展，使高职英语教学模式更加适合学生发展的特色课程，也更加符合未来社会对人才素质的全面需求。

课堂教学是教学的基本形式，其效果直接影响学生对语言的习得。基于学生需求的教学目标决定了英语教学必须“以学生为中心”，教师要设计丰富多彩的课堂教学活动，根据不同的课程需求、不同学习者的语言水平，采用灵活多样的教学手段，提高学生的自主学习能力和参与能力，使教师成为学生的合作者。教师可以根据教学内容创设出特定的场景，让学生通过看、听、说和角色扮演，再现课文所描绘的情境，使学生仿佛身临其境，充分发挥自己的想象力，强化训练，提高运用语言知识和获得语感的能力。这种方法使课堂成为双向交流与互动的实践场所，可以极大地提高学生的学习兴趣。案例分析、项目研究、角色扮演、模拟和小组讨论等方法对英语教学都非常有效，如高职旅游英语口语训练很多都是在特定场合（如入住宾馆、饭店进餐、景点讲解等）下发生的。教学中可以对导游活动中的实际情境进行模仿，如接待客人的时候如何致欢迎词、如何办理酒店入住手续、如何向客人说明行程安排等，让学生掌握一般旅游活动中的基本流程和基本技能。通过会话训练、阅读训练、翻译训练等方式，使学生能够承担一般旅游活动的英语交流工作，能翻译基本的英语材料，能用英语介绍指定的旅游景点等。

5.利用多媒体技术创设岗位语言环境

高职英语课堂传授的知识面广、内容多，而课时数又有限，教师很难在有限的理论课教学时间内既将重点、难点讲透，又扩充学生的知识面，因此必须借助先进的多媒体技术来设计高效的高职英语教学过程，现代计算机技术的发展为此提供了先进的教学设备和素材。多媒体教学信息量大，图片、文字的演示，超链接各种相关资料，使学生在课堂教学的有限时间内接受大量的信息，扩大高职生的知识面。对于一些复杂的内容，教师可以收集相关的插图、图表、案例等插入其中，使问题变得直观、简单。

多媒体技术还有利于学生学习兴趣的培养和听、说、读、写综合能力的提高。语言交际能力的培养，要求首先有大量真实语言材料的输入，再通过反复操练和实际运用，逐渐转化成学习者内在的语言能力。英语教学听、说、读、写技能的培养，离不开大量的语言输入和一定强度的技能训练。教师可以设计教学模拟软件，创设学生目标岗位的实际环境，在多媒体上虚拟实际工作环境中的操作情境，使学生直观地认识岗位环境中英语的重要性，把理论教学和实践教学有机地融合在一起，让学生在电脑上直接实现人机交互，完成一次能力的真实体验。利用先进的多媒体技术，让学生模拟实习各种商务活动，熟练地掌握导游解说技巧和进行各项专业语言训练，从而达到良好的教学效果。教师还可以利用多媒体教学，给学生播放国外旅游的导游过程。让学生来翻译一些简单的句子，通过听、说练习，大大提高学生的学习热情。多媒体教学使学生在轻松活泼的课堂氛围中感受和掌握目标岗位所需的语言应用能力。

在课外拓展练习时，还可以在语音试验室里利用全数字语言学习系统让学生自主进行听力练习和句型操练、真实语境模拟、语言游戏、问题解答等，使课堂教学变得生动，这样学生才更乐于参与课堂交际活动。此外，网络也是一个重要的途径，它不仅可以提供最新的高职教学信息资源，还可以建立英语聊天室，利用学生感兴趣的网络虚拟环境进行英语交流，提高学生的专业知识水平和英语运用能力。高职还可以用网络连通学生、教师和企业，建立教学与就业的直接联系，实现英语教学的全方位、立体化，为学生获取资料、学习实践、顺利就业开拓更广阔的天地。

6.结合专业英语提高课堂教学效率

高职英语教学与专业英语教学应是彼此融合、互相渗透的，教师在课堂教学过程中要有意识地将基础英语教学与专业英语教学结合起来，根据专业特点和就业需要，指导学生优化学习方法，掌握英语应用的能力，引导学生在实践中发现问题、分析问题、解决问题，使学生从被动地接受单纯的理论知识转变为主动运用理论知识和学习方法来提高英语应用能力。例如，在一些句型操练时，可以穿插专业名词，在选择课外阅读材料时，可以使用一些内容稍浅的、实用的、有代表性的专业文献，让学生自己上网查找一些专业术语词汇。在一些教学图片、道具、场景的选择上，要尽量向专业靠拢，培养学生在专业岗位场合使用英语的能力。在教授句子长、结构复杂的专业英语时，也可按基础英语的分析模式来分析、简化句子结构。比如，教学旅游英语时，为了提高学生的学习兴趣，可以采用基础英语教学的听、说训练方法，从简单地介绍学院的建筑、风景练起，在一些句型结构的帮助下，让学生用英语简单地描述，并逐步加大句型难度和词汇广度。同样，教师还可以要求学生注意观察生活，收集身边出现的一些产品说明书或英文介绍，教师在课堂上进行讲解，并让学生进行场景模拟。例如，在学习和导游相关的英文后，让学生在校内现场导游，学生能迅速进入角色，把具体的景物和英语词汇、句型联系起来记忆，印象会更加深刻，从而提高教学的效率。

三、英语教学模式的内涵思考

近年来，我国的英语教学有了长足的发展，从教学大纲的科学设计到交际化课堂教学的实践探索，从教学法流派的争论到语言习惯本质的深层研究，从方法到理论，从外到内层层展开。当然，发展过程不可能是一帆风顺的，其中也存在一些不恰当之处，可提出来共同探讨，以利于英语教学的发展。教育肩负着一个民族的未来，是一个国家兴旺发达的重要筹码，教育的实施离不开教学活动，在大众教育里，教学绝大部分在课堂中进行，由于课堂教学直接影响着素质的培养，因此可以认定教学活动的主战场和前线就在课堂。这也是人们不断改革，深入研究课堂的原因之一。

"百年大计，教育为本"这个说法是永远也不会过时的，然而真正深入思考，落到实处，需要大处着眼、小处着手，细化教学大纲，并且在实践中借鉴古今中外的实用教育理念及教学经验，不断与教学实际相结合并转化吸收也实非易事。

教材是死的，课堂是活的，英语教学尤其如此。这个提法对大家来说并不陌生，但是又有多少教师不自觉地照本宣科？有多少学生在课堂上不能集中注意力，对英语没有多大兴趣？造成这种局面的原因不是单一的，教育战线上的工作者已经为之并正在为之努力，也的确已经采取和正在采取一些措施进行纠正。例如，学校引进了多媒体教学仪器进行辅助教学，教室里附加了一些设备，甚至建立了大型的多媒体语音室，聘请了外教，还邀请了国外或国内某些知名的专家、学者、教授，不定期地做指导、办讲座、做评估，甚至聘请他们担任名誉教授，使教学内容涉及教学与教学发展的各个方面。

教书和育人这两个方面支撑起教育事业的"大厦"，在教育实施过程中容易出现两手都在抓又两手都不硬的情况。耗资巨大的教学辅助设备、价格不菲的语音室及其操作管理系统、高额的使用费和维护费，却往往不能对教学起到很好的推动作用，有时物不尽其用，导致资源浪费。聘请的外教良莠不齐，真正懂教学又了解中国学生英语现状的凤毛麟角。

教学的关键是课堂，使课堂优质高效便是亟待解决的问题。英语教学的目的是培养听说读写能力，交流思想与文化，那么课堂的内容就理应围绕这个中心展开。19世纪末以前，英语教学还只停留在解决为什么教英语的层面上，当时各国间的交往还不十分频繁，学英语更多的是为了开阔眼界，了解外国文化。在当时的时代背景下，翻译教学法也在欧洲的英语教学中得到了极大的重视。由于翻译的重点在于书面语的阅读和理解，口语只处于从属地位，因此就当时社会环境而言，它反映了英语教学的部分规律是实用的，也满足了当时社会的需要。到了19世纪末—20世纪40年代，由于社会政治经济各方面发生了巨大的变化，国际形势风云变幻，谈判和外交活动日趋频繁，商业交通日益发达，语言不通成为各国人民交流的障碍，人们迫切需要口头交际能力，使得翻译法逐渐降温，最终让位给直接法。而直接法又合乎时宜地解释了英语教学教什么的问题，即直接建立思维联系，以口语为基础、以模仿为主，注重直觉，当语言学不再停留在机械的时候，英语教学又翻开了新的一页。第二次世界大战前后的二三十年里，听说法风靡一时，从为战争培训到社会教学。英语教学怎么教，被提出来并为以后的问题解决奠定了坚实的基础。语言学习技能化是当时英语教学极其鲜明的标志，其物化的具体表现便是大型语音实验室的出现。但美中不足的是，它的效果并不总是那么理想，对于无休止的模仿和重复，人们开始感到厌倦和怀疑，形式主义和经验主义已经不合时宜，此时的人们又开始考虑语言获得的机制及认知过程的机理，不断恢复古典语言学中的理性。从20世纪60年代下半叶起，各种新的英语教学思潮相继出现，有以批判语法结构为中心的教学体系而主张以连续情境为中心的情境教学或视听教学；有以批判习惯形式论为中心而主张认知习得论的认知法；有以批判语言结构论为中心而主张语言功能理论的交际法或功能法；还有以批判教师和课本为中心而以学生为中心的沉默法、顾问法、暗示法等。可以说，当前的英语教学方法各异、百家争鸣、各有千秋，值得各高职院校借鉴并付诸实践。

四、英语教学模式改革的意义

（一）有利于提高高职英语在学生职业能力发展中的作用

高职教育的目标主要是为企业等用人单位培养具有一定职业素质和职业能

力的应用型、实际操作型人才，其教育的方向是培养职业技能。另外，提高高职学生的职业英语意识尤其是综合知识运用水平能极大地提高高职学生的就业竞争力。然而，应该如何提高高职英语教学中学生的职业能力水平，这是现代众多研究者和高职教师着重考虑和深思的问题。

传统的教育理念是以知识为教育重点，以技能教育为辅，致使高职教育发展受到了阻碍，并且造成许多高职毕业生难以适应工作岗位需求。高职英语的教学表现得尤为突出，因此提高高职英语在学生职业能力发展中的作用是当前迫在眉睫的事情。高职英语的教学工作在理论和实践中得到了飞速发展并总结了大量的经验。例如：高职英语教学系统、体制、规划实践模块的创建；高等职业教育中高职英语教学定位的明确、教学评价体系的建立等。

（二）有利于提高高职英语教学效率

由于我国高等职业教育的教育目标就是培养符合当前用人单位的岗位需要和职业需要的人才，这个教育目标也决定了当前高职的教学模式有必要以学生的职业技能培养为中心指导思想。因此，在当前高职英语教学中首要的问题就是如何把高职英语教学与职业教育结合起来，培养学生的职业能力和职业素养，实现高职英语教学的职业化目标，有利于高职基础课程教学的完善，让英语能够在学生的就业上得到充分的运用和发展；另外，高职院校要试图改变高职英语教师传统的教育方式并更新教学内容，提高英语教学效率。

（三）有利于改变陈旧的英语教学模式

当前，我国的英语教学存在一个明显的问题，即以传授基础知识为主，很少组织交际活动。简单地说，英语教学模式陈旧仍然是我国英语教学面临的一个问题。对此，不少英语教学研究者概括和分析了陈旧教学模式的负面影响，如教学实际与教学目标背道而驰，教学材料和教学内容与当今社会发展的需要不适应，单一、陈旧的教学方式造成了机械、被动的学习等。

以教师为中心的教学模式是我国英语教学面临的一个严重问题，会严重影响英语教学的效果和学生的学习积极性。在很长一段时间里，人们评价教师是否合格仅注重教师是否认真备课，教师在课上讲解的内容是否丰富，教师在课上讲解知识点时是否有条理等。

在以教师为中心的课堂上，因为担心学生听不懂，所以教师会反复地举例说明，不停地讲解词汇和语法点，甚至一些教师为了让学生清楚、明白，不惜用整节课的时间逐词通篇地翻译一篇课文，完全忘了要为学生提供理解和消化的时间。同样，在这样的课堂上，学生为了能抓住教师讲解的每一条信息，也将注意力全都放在记笔记上，没有多余的思考和参与课堂活动的时间，总是被动地听。显然，在这种师生之间除了讲、听，没有思考和语言交际的课堂上，学生的学习效果一定不会很好。

总之，以教师为中心的陈旧、老套的教学模式大大限制了学生在课堂上应有的自由，从而阻碍了学生潜力的发挥。因此，高职英语教学模式的改革势在必行。

第二章　高职英语知识教学

知识和技能的教学是任何学科都不可缺少的，英语教学也是如此。英语知识教学通常指基础知识教学，包括英语语音、语法、词汇基础知识的教学。根据现代英语教学理念，英语知识教学不能脱离生动、丰富的语言材料。英语知识教学不仅要让学生知道必需的英语知识，更重要的是要让学生能够运用这些知识形成英语语言的运用能力。本章将探究高职英语知识教学的相关内容。

第一节　高职英语词汇教学

一、词汇教学的定义

有关词汇的定义，中外诸多学者曾做过不同的论述。

美国著名语言学家威尔金斯认为，学习词汇就是掌握外语单词与实物、概念、过程或品质等客观现实的关系和词与词之间的同义、反义等语义关系。这一观点是从掌握一种语言的词汇体系出发，强调掌握词义的重要性。[①]

美国学者里弗斯认为，词汇教学分为四个方面：集中注意力于词的形式；集中注意力于词的意义；通过联系扩大词汇量；轮回复习已经学过的词汇。[②]这一观点是从词汇的教学过程出发，提出词汇教学应该包括的内容。

尽管以上对词汇教学的论述有些不同，但都突出了一点：词汇教学应该形、义兼顾，并突出词义的教学。可见，对词汇的形、义的教学是英语词汇教学的重点，这为我国英语教师进行英语词汇教学提供了参考。

我国学者李玉陈认为，教师应该结合我国的具体情况，在词汇教学中加上另一项内容，即教给学生学习词汇的方法。[③]他认为，教师在词汇教学中的主要作

① 杨帆 . 主题语境下的高中英语词汇教学 [J]. 陕西教育 (教学版),2023,(3)：38−40.

② 资灿 . 高职英语教学的发展与创新研究 [M]. 成都：西南交通大学出版社 ,2020.

③ 李玉陈 . 英语教学务实录 [M]. 济南：山东大学出版社 ,2019.

用在于通过各种展示手段和各个教学环节培养学生独立学习词汇的能力。

二、词汇教学存在的问题

英语词汇教学的问题随着教学的存在而存在，也随着教学的不断深入而得到改善和解决。事实上，英语词汇教学的困难主要表现在词汇的记忆上，而导致问题产生的根本原因在于词汇的运用上。听力与阅读中的词汇复现、说与写中的词汇使用率是英语词汇教与学的关键。就目前我国英语词汇教学的现状来看，英语词汇教学中存在以下几五个问题：

1.教师在初次教授词汇时忽视了语音的准确性，尤其是重音问题，学生很难把握正确的语音发音，有的甚至用中文谐音做标注。由于英语单词语音与拼写有一定的相关度，这样，久而久之，必然会产生听辨和理解上的困难。

2.教师过分依赖母语，一旦发现学生不能理解，立即说出中文意思，使学生对学习产生惰性。

3.单词学习脱离情境，词汇记忆全靠死记硬背。在词汇教学中，教师既不提供一定的情境，也很少联系上下文，随后又没有必要的复习或巩固。学生的词汇学习方法呆板、单一，词汇复现率低，最终影响学生词汇能力的发展，使学生词汇的运用水平很低，学生无法将被动词汇转化为积极词汇。

4.学生无法使用词典等辅助工具进行自主学习，过分依赖教师。

5.由于缺少与词汇学习相对应的课外阅读材料和口笔头作文训练，学生所学词汇的复现率低，遗忘率高，学习效率低。

三、词汇教学的目标及内容

（一）词汇教学的目标

与其他教学目标相比，词汇教学的目标更加具体和明确，无论是中学还是大学的英语教学大纲都对词汇教学做出过明确的要求。例如，《大学英语课程教学要求》对词汇教学提出了三个级别的要求，即一般要求、较高要求和更高要求，分别为掌握4500个单词和700个词组、5500个单词和1200个词组、6500个单词和1700个词组。而《高职高专教育英语课程教学基本要求（试行）》则规定，高职A级认知3400个英语单词（包括入学时要求掌握的1600个词）及由这些词构成的常用词组，对其中2000个左右的单词能正确拼写，英汉互译。学生还应结合专业英语学习，认知400个专业英语词汇。高职B级要认知2500个英语单词（包括入学时要求掌握的1000个词）及由这些词构成的常用词组，对其中1500个左右的单词能正确拼写，英汉互译。

根据劳费尔的观点，外语学习者如果掌握5000个词汇量，其阅读一般报刊图书的正确率是59%；词汇量如果达到6400个，则阅读正确率可达63%；词汇量如果达到9000个，阅读正确率就可达到70%以上。[①]可以说，英语词汇量的多少，标志着英语水平的高低及英语应用能力的强弱。

针对不同的教学对象、不同的教学阶段，应该确立不同的词汇教学目标。然而在众多的词汇中，总是有些使用频率高、实用性较强的词汇，于是就形成了一个最小词汇表。有学者根据伯明翰语库的英语单词使用频率统计，提出了使用频率最高的200个英语单词词汇表，这应该是英语词汇教学中最小的词汇表之一（详见表2-1）。[②]

表2–1　使用频率最高的200个单词表

1.the	2.of	3.and	4.to	5.a	6.in
7.that	8.I	9.it	10.was	11.is	12.he
13.for	14.you	15.on	16.with	17.as	18.be
19.had	20.but	21.they	22.at	23.his	24.have
25.not	26.this	27.are	28.or	29.by	30.we
31.she	32.from	33.one	34.all	35.there	36.her
37.were	38.which	39.an	40.so	41.what	42.their
43.if	44.would	45.about	46.no	47.said	48.up
49.when	50.been	51.out	52.them	53.do	54.my
55.more	56.who	57.me	58.like	59.very	60.can
61.has	62.him	63.some	64.into	65.then	66.now
67.think	68.well	69.know	70.time	71.could	72.people

① 杨丽娜．如何提高英语阅读理解能力 [J]. 科教新时代 ,2011,000(003):68−68.

② 资灿．高职英语教学的发展与创新研究 [M]. 成都：西南交通大学出版社 ,2020.

（续表）

73.its	74.other	75.only	76.it’s	77.will	78.than
79.yes	80.just	81.because	82.two	83.over	84.don’t
85.get	86.see	87.any	88.much	89.these	90.way
91.how	92.down	93.even	94.first	95.did	96.back
97.got	98.our	99.new	100.go	101.most	102.where
103.after	104.your	105.say	106.man	107.use	108.little
109.too	110.many	111.good	112.going	113.through	114.years
115.before	116.own	117.us	118.may	119.those	120.right
121.come	122.work	123.made	124.never	125.things	126.such
127.make	128.still	129.something	130.being	131.also	132.that’s
133.should	134.realy	135.here	136.lone	137.TM	138.old
139.world	140.thing	141.must	142.day	143.children	144.oh
145.off	146.quite	147.same	148.take	149.again	150.life
151.another	152.came	153.course	154.between	155.might	156.thought
157.want	158.says	159.went	160.put	161.last	162.great
163.always	164.away	165.look	166.mean	167.men	168.each
169.three	170.why	171.didn’t	172.through	173.fact	174.Mr.
175.once	176.find	177.house	178.rather	179.few	180.both
181.kind	182.while	183.year	184.every	185.under	186.place
187.home	188.does	189.sort	190.perhaps	191.against	192.far
193.left	194.around	195.nothing	196.without	197.end	198.part
199.looked	200.used				

作为一个最小的词汇表，它给英语教师进行英语词汇教学提供了一个核心，给教师的词汇教学提供了一定的帮助。

（二）词汇教学的内容

一般来说，词汇教学主要包括以下四个方面：

1. 词汇意义

由于母语与目的语之间存在较大的差别，从语义角度上看，一些词汇的含义就其内涵、外延而言在两种语言中有着不同之处。词汇教学的首要任务就是让学生知道所学单词的意思。

一个单词的意义往往离不开语境，特别是在课文中，词义是受上下文制约的。在教学中，教师应通过各种手段使学生了解语义和语境之间的关系。

例如：make up编造；组成；化妆

make a difference有影响；起（重要）作用

make a face做鬼脸

make a promise答应；允诺

make off逃走；偷走

以上都是由make构成的词组，然而和不同的单词搭配，在不同的语境中使用，产生了不同的含义；所以，教师应该有意识地引导学生，不要让学生以为一个单词只有固定的含义，否则一旦发生变化，学生就会感到疑惑不解。

一些语义上有差异的单词对非本族人来讲很迷惑，对这些概念的澄清也是词汇教学的任务之一。如汉语的“战斗”可以用英文fight、battle、struggle、war、campaign和combat等表示，这些表示同一概念的不同词汇对非本族人来说也是很难理解的，教师在教学过程中要注意同义词、近义词的辨析，及时为学生答疑解惑。

2. 词汇场合

词汇使用场合一般有搭配、习语、短语、语域、风格等，不同的词汇用于不同的场合中。例如，我们常用hot形容热，这是书面语中的用法，将其放在口语中，意思就完全不一样了，比如“That is a hot guy”句中的hot是形容一个人身材或长相很吸引人。

3. 词汇信息

词汇信息主要包括词类、词的前缀、后缀、词的发音和拼写等。这些都是词的最基本信息，也是学生应该掌握的最基本的词汇内容。例如，常见的前缀有de-、dis-、en-等，常用的后缀有-able、-acity、-ing等。

4. 词汇用法

词汇用法就是各类词的不同用法。如名词的可数和不可数，动词的及物和不及物，及物动词的扩展模式，应接什么样的宾语，不定式还是动名词，能否接从句，能否接复合宾语等。例如，只能接动名词而不能接不定式的词有：allow、permit、consider、suggest等。

四、高职英语词汇教学的原则

高职英语词汇教学应遵循以下五个原则：

（一）直观性原则

在英语教材尤其是基础教育的英语教材中，大部分词汇都是活用词汇。具体地说，是一些常见常用的词汇，或者说都是可与直接观察到的事物相联系的名词、动词、形容词和人称代词。例如，表示事物外在特征的big、small、tall、short、thin、fat等；表示周围事物的window、door等；表示颜色的blue、green等；表示常见动作的walk、sit、stand up等；表示人称的I、you、he、she、their、our等；表示人对事物评价的good、excellent等；表示人的感觉的cold、hot、cool等。所以，在词汇教学中我们可设计各种各样的语言环境，把枯燥的词汇用直观的形式展现出来。这种直观的教学形式可以带领学生置身具体的环境之中，集中学生的注意力，激发学生的英语学习兴趣和积极性，并有助于学生理解所学词汇的含义，从而促使学生将英语与客观事物联系起来。

在英语词汇教学中，教师可以借助多种手段将词汇教学直观变化。

1.实物直观，即教师注意利用教室的环境就地取材，或提前准备物品直观呈现大学英语教学法新的语言项目。

2.形象直观，主要指教师运用模型、图片、卡片、简笔画、电教设备等模拟实物的形象来呈现语言项目。

3.言语、动作直观，即教师运用听、说、唱、做、演、画等方式，通过生动的语言、良好的表情、形象化的动作吸引学生注意力，使学生较快地理解单词，识记语言项目。

以上直观教具的运用，可以使教师充分调动学生多种感官的参与，使他们在看得见、听得到、摸得着的教学过程中习得英语词汇，发展思维，培养能力，刺激记忆。

（二）情境性原则

传统的词汇教学通常是先教词的读音、拼写，再解释词的构成及其语法范畴，然后罗列词的各种意义和用法，最后进行造句练习。这种将单词的读音、拼写、语法、意义、用法和运用相互孤立的教学很容易使学生感到枯燥无味，不仅不利于学生理解和掌握所学的词汇，而且很容易使他们对英语学习失去兴趣和积极性。在实际的语言交际中，人们表达思想一般都是以句子为单位，而词只是句子的组成部分。因此，词汇的教学不应该是孤立的，而要与句子、语段结合起来，还要设置情境，借助情境来进行词汇教学。只有将词汇教学融入一定的情境中，学生才会更好地理解语言材料中的词义，掌握词的用法。此外，词的许多语音特征、变化规律及不同意义的展示也只有在句型情境中才能综合地体现出来。在情境中教单词，不但可以帮助学生理解词义，加强记忆，而且有助于学生把所学词在交际中恰当地使用。因此，教师要根据教材内容，想尽办法创设语言环境，使学生置身于一定的语言情境之中，从而使学生能够处在较为真实的情境中进行多种语言练习。常用的创设情境教词汇的方法有以下三个：

1.情境造句。教师可创设文字情境或动作情境，由教师示范，学生模仿。

2.情境对话。如：在教单词excuse时，教师可先与一位学生做一次示范对话，然后让学生两个一组做pairwork来模仿记忆单词。如：

Teacher：Excuse me.May I use your book?

Student：Yes, here you are.

Teacher：Excuse me. Can you help me?

Student：Yes, it’s a pleasure.

3.情境录音。如教授单词noise（噪声）时，教师可先播放课前所录学生互相讲话声、十字路口的喇叭声、叫卖声等，学生听过录音后，教师向学生提问：

Teacher：What do you hear?

Student：噪声。（由此引出英文单词noise）

Teacher：Some students, cars and other things made the great noise, didn’t they?

Student：Yes, they did.

（三）循序渐进原则

英语学习是一个循序渐进的过程，同样，英语词汇学习也不是一蹴而就的。英语词汇的总数多达上百万，并且有些简单、有些复杂。因此，词汇教学应该遵循循序渐进的原则，不可毫无层次、毫无系统地教学。教师在讲解词的意义和用法时，应遵循由少到多、由易到难、由浅入深的原则。当所学词汇初次出现时，其范围不可超出所学材料；随着教材中新词义和新用法的出现，逐步扩大范围，加深认识。在词汇学习起始阶段，要由旧到新，即在学习新的意义和用法前复习已学的意义和用法；不能超越学生的英语水平，即不能提前讲授学生尚未接触到的词义和用法。总之，词汇教学要层层递进，循序渐进，不能追求一蹴而就，一下子向学生讲解一个词的所有知识；否则，就会弄巧成拙，不利于学生掌握该词的意义和用法。同时，当学生达到了较好的词汇理解程度，应尽可能地拓宽学生的知识面，使学生了解到一个单词的多种用法，掌握一个单词在不同语境中的不同用法。

（四）集中与分散相结合原则

在英语词汇教学中，将集中教学和分散教学结合起来是十分有效、必要、可行的措施。集中教学，可以使词汇更具系统性，更能发挥学生智力因素作用，学习强度越大，越能锻炼学生的记忆力，从而迅速提高学生非智力因素的修养。但是集中教学法并不适用于任何情况，长期使用也会使学生感到烦躁、厌倦，所以将集中教学和分散教学结合起来是最好的办法。集中分散交替互补这种方法在“张思中外语教学法”中表现得最为全面。

集中教学的特点主要有以下三个：

1.词汇选择

在词汇选择上，集中教学不仅包括教科书后词汇表上的词，而且还有一些常用词。前者能够扫清课内教学的障碍，后者可以为课外阅读创造条件。二者相互结合，不仅有助于学生扩大词汇量，而且可以培养学生养成课外阅读、课外自主学习的习惯。

2.方法程序

集中教学的方法程序如下：

1.思想动员。向学生说明集中识词记词的可能性、任务、方法、困难与利弊等，同时也要求学生做单词卡片，每词一卡。

2.系统介绍记忆与遗忘的规律。介绍记忆成批词的循环记忆法和单个词的分析结构、联想、对比等，介绍减少遗忘的方法。

3.首先示范100词，小结经验，然后再正式开始集中识词。每天一节课教100词，每周识500词，复习一次，集中学习1200个词。

3.战略优势

战略优势的特点如下：

（1）突破词汇难关，为其他方面的教学做好铺垫。

（2）在短期内让学生树立学好外语的心理优势，每节课学习100词，以后碰到几十个词的材料也就不感到恐惧了。消除学生对外语的恐惧心理。

（3）有效培养学生的记忆能力，学会科学记忆的方法，对将来一生都有用。

集中教学结束后，必须有分散巩固，以便学生更好地理解、掌握和运用所学单词。所谓分散是指集中成组的词分散于词组、句子、文章中去，进行听、说、读、写训练，化知识为技能，使词汇记忆由暂时过渡到长久。分散，实质上是大量集中知识学习转化为大量集中技能训练。当然，从形式上讲，分散是把词汇教学由集中于词汇课分散到其他课和环节上去。集中教学可以使词汇教学具有系统性，而分散记忆可以减轻学生的记忆负担，两者结合可以提高词汇教学的效果。

（五）文化性原则

语言是文化的载体，词汇结构、词义结构和搭配都与该语言的文化相连。在不同的语言中，词语的意义完全相同的情况很少。即使词语相同，所表示的意义在不同的语言中也会有所不同。例如，green在英语中表示嫉妒，而汉语中主要是“绿色”的含义，一般表示自然。词汇教学能够引导学生由意义到文化、由文化到思维，可以使学生掌握词义演变的规律，从而全面掌握词汇的意义，进而有效地进行跨文化交际。因此，词汇教学不能只停留在词汇的字面意义，还要引申到文化方面，包括特殊文化背景、一般文化背景和相通文化背景等。

1.特殊文化背景。例如，Indian（印度人、印第安人）、China（中国）、china（瓷器）、black（黑色的、黑人）等。

2.一般文化背景。例如，see（看见、明白）、letter（字母、信）、paper（纸、论文）等。

3.相通文化背景。例如，fish（鱼、渔）、foot（人脚、山脚）、head（头、头儿）等。

五、高职英语词汇教学的方法

高职英语词汇教学有下列五个基本方法：

（一）情境法

词汇学习最终都要通过交际来实践，然而我国学生处于以汉语为母语的环境之中，缺乏一定的英语情境。因此，教师在英语词汇教学中要努力为学生创设情境，为学生提供使用英语的机会。

利用各种情境，特别是生活中的实际情境教词汇是一个行之有效的方法，既有利于学生理解英语单词，又利于他们掌握单词的用法，使学生学了就能用。一般的单词都可以通过情境展开教学，对一些含义抽象的单词尤为适用。例如：

When foreign guests visited our school yesterday, we gave them a hearty welcome.

When I got into the room of my friend, he said: "Welcome to you."

Our teachers give us education at school. Our parents give us education at home.The Party gives us education.We learn from Comrade Lei Feng. This gives us education, too.

通过以上的情境，学生就容易理解welcome和education两个单词的含义及用法。

（二）比较法

英语中有许多形、义相近的词，所以学生在学习这些词时容易误解、误用。教师在教学过程中应采用比较法，比较这些词形、词义相近的词，帮助学生正确使用词汇。例如，advice/advise、choose/choice、form/from、hard/hardly、invent/invite、decide/divide等常被学生混淆，教师应先比较这些词，然后分析常见的错误，以使学生加深对它们差别的认识，避免用错、写错单词。

（三）归类法

虽然然英语单词数以万计，但是其中的很多词都是存在规律的。教师应该指导学生找出单词之间的规律，利用规律学习、记忆词汇。所谓归类法，就是利用词汇之间的规律的一种词汇教学方法。当学到一定阶段后，可让学生把学过的单词按名词、动词、形容词等词性进行分类。下面就介绍几种词汇分类的方法。

1.按同义词或反义词归类

随着学生词汇量的增加，教师可以指导学生将学过的词汇按同义词、反义词进行归类。按同义词归类，可以使学生掌握同一个意思的不同表达方法。例如，say、speak、talk、tell均表示“说话”。按反义词归类，可以使学生将词义区分清楚，并有利于学生的记忆。例如，thin（薄的）和thick（厚的）、entrance（入口）和exit（出口）。

2. 按上下义关系归类

通过上下义关系学习单词，有助于学生明确词汇间的意义关系并掌握词义。例如，vehicle的下义词有：cars、buses、trains、bicycles等。

3. 按题材归类

日常交际的话题多种多样。按题材归类是指把同一个话题下经常出现的词汇归集在一起。例如，与蔬菜有关的话题有：tomato（番茄）、asparagus（芦笋）、cucumber（黄瓜）、eggplant（茄子）、broadbean（蚕豆）、pea（豌豆）、soybean（黄豆）、swordbean（刀豆）、stringbean（豇豆）等。

4. 按词的构造归类

按词根、前缀、后缀、合成词归类，找出词与词之间的最本质联系。这种联系不仅使学生对新词记得快、记得牢、记得久，而且能同时复习大量的旧词。例如，classroom、classmate。这种分类方式可以减轻学生的记忆负担，有助于提高学生的记忆效率。

（四）分析法

随着词汇量的增多，如果没有系统地记单词，就会给学生记忆单词、复习单词带来很多困难。因此，教师应采用一定的方法记忆单词。分析法不仅可以使学生自然地理解词义、记忆单词，而且还可以培养学生分析语言现象的能力。分析法涵盖的内容有很多，比如，分析同根词、分析前后缀、分析派生词和合成词、分析词汇的变化模式、分析词义程度。

1. 分析同根词

英语词汇中有很多同根词，并且有些词根相同的单词在词义上存在一定的联系。因此，词汇教学可以通过分析单词的词根来进行。例如，教授完单词use后，通过对词根的分析，学生就能推测useful、useless、user的意义。

2. 分析前后缀

许多单词都有前缀或后缀，这些词缀都有着固定的含义和词性，因此对单词前后缀的分析，可以帮助学生理解单词、记忆单词。例如，在教授retell、rewrite

时，学生已掌握了tell、write的用法，教师只须向学生解释前缀re-的含义，学生便能推测出retell、rewrite的意义。

3.分析派生词和合成词

分析派生词和合成词，不但有助于学生理解词汇的意义，还可以扩大学生的词汇量。例如，学生在学过wait与room的基础上，就能很自然地推测出waitingroom的含义。

4.分析词汇的变化模式

例如，ABC模式：wear、wore、worn；ABB模式：win、won、won；ABA模式：run、ran、run；AAA模式：split、split、split。通过分析这些词的模式，可以帮助学生记忆这些词形式的变化。

5.分析词义程度

教师可以向学生提供一系列单词，请他们按照这些单词的含义排列顺序。一般来说，教师要提供一个起参照作用的单词。例如，教师提供的参照词为sad，要求学生将下列词汇加以排列：happy、dissatisfied、content、cheerful；或参照词为freezing，要求学生将下列词汇加以排列：hot、boiling、cold、warm、cool。

（五）练习法

学生只有不断地练习、运用，才能真正地掌握所学单词。以下是两种常用的词汇练习方法。

1.造句练习法

我国学生在学习汉语时，教师常常要求学生用词造句。这种方法在英语词汇学习中也非常实用。在造句之前，应该先弄清所学词汇的含义，仔细研读教材和词典中的例句，然后通过模拟例句，灵活而有规律地变化部分句子成分，最终造出富有创造性的句子。可见，造句练习是从模仿开始的。学习词汇的最终目的是使用外语进行交际活动。因此，造句练习法是从认识语言到使用语言的必要途径。教师和学生要重视对造句法的使用。

2.作文练习法

作文是锻炼和测验一个人遣词造句、有章法地表达自己能力的有效方法。在英语词汇教学中，教师应当积极地运用和贯彻这一方法。写作文不但可以巩固学生对词汇的记忆，熟悉词汇的用法，而且可以锻炼他们的写作能力。教师首先要给出一个作文话题及相关词，要求学生运用这个话题及词进行写作，这样新学的词就得到了很好的运用和巩固。

第二节　高职英语语法教学

一、语法教学的目标

《英语课程标准》将英语语法分为二级、五级和八级，并对它们分别进行了描述。语法教学的二级目标描述如下：

1. 知道主要人称代词的区别。
2. 知道名词有单复数形式。
3. 知道动词在不同情况下会有形式上的变化。
4. 了解英语简单句的基本形式和表意功能。
5. 了解表示时间、地点和位置的介词。

语法教学的五级目标描述如下：

1. 在实际运用中体会和领悟语言形式的表意功能。
2. 了解常用语言形式的基本结构和常用表意功能。
3. 理解和掌握描述人和物的表达方式。
4. 理解和掌握描述具体事件和具体行为的发生、发展过程的表达方式。
5. 初步掌握描述时间、地点、方位的表达方式。
6. 理解、掌握比较人、物体及事物的表达方式。

语法教学的八级目标描述如下：

1. 进一步理解、掌握比较人、物体及事物的表达方式。
2. 进一步掌握描述时间、地点、方位的表达方式。
3. 使用适当的语言形式进行描述和表达观点、态度、情感等。
4. 学习、掌握基本语篇知识并根据特定目的有效地组织信息。

《高职高专教育英语课程教学基本要求（试行）》对语法教学的规定比较简单，只要求“掌握基本的英语语法规则，在听、说、读、写、译中能正确运用所学语法知识”。

可见，英语语法教学的目标是由低到高、由易到难、层层推进，大致可分为初级阶段目标和高级阶段目标。初级阶段目标为“知”，高级阶段目标为“能”。在初级阶段目标和高级阶段目标之间存在一个过渡阶段，就是“练”。

“知”是语法教学目标的初级阶段。“知”是指掌握英语语法知识，了解其内容，明白其原理，知道其规则。“能”是语法教学目标的高级阶段。“能”是指能够在语言活动中正确运用语法规则，所用语言形态能够准确表达其所要表达的语义，并且符合其相应的语境。“练”是由“知”向“能”过渡的阶段。过渡阶段本身不是目标，而是一个过程，一个实践的过程。

二、语法教学的内容

英语语法大体上可分为词法和句法两类。词法又可分为构词法和词类。构词法主要研究不同的词缀、词的转化、派生、合成等内容。词类可以进一步分为静态词和动态词。静态词包括名词、形容词、代词、副词、数词、冠词、介词、连词、感叹词等。静态词并不是绝对不变，比如，名词就有数、格、性等变化，形容词有比较级和最高级的变化。动态词包括动词及直接与动词相关的时态、语态、助动词、情态动词、不定式、动名词、分词、虚拟语气等。句法可以大致分为句子成分、句子分类、标点符号三大部分。句子成分主要包括主语、谓语、宾语、定语、状语、表语、同位语、独立成分等；句子的分类，可以按句子的结构分为简单句、复合句和并列句，也可以按句子的目的分为陈述句、疑问句、祈使句、感叹句。

与句子有关的内容还包括主句、从句、省略句等。标点符号也是句法学习的内容之一，此外，还有词组的分类、功能、不规则动词等。

语法知识点比较零乱、琐碎，因而教师在教学过程中可以不断地使知识再现，以加深学生的印象。

三、大学英语语法教学的原则

（一）循序渐进性原则

根据认知心理学的观点，人们对事物本质发展规律的认识不是一下就能实现的，它是一个由浅入深、由低到高、从简单到复杂、从旧质到新质的不断变化和反复巩固、完善的过程。

语法教学也应该具有层次性，做到由简单到复杂、由一般到特殊、由表及里、由浅入深，循序渐进，合理安排教学的顺序。处于不同年龄段的儿童其认知发展水平是不同的，学习语法的能力和特征也存在一定的差别，因此，语法教学要考虑学生的年龄特征。此外，在语法教学设计的过程中，应该对处在不同年龄阶段的儿童确立不同的教学要求，确定不同的教学内容，采取不同的教学措施。

在学生掌握了一定的语法知识后，教师就应根据学生的特点进行教学，使语法教学有所跳跃、有所侧重、有所循环。事实上，语法层次和语法项目在纵向和横向上都有许多延伸。因此，语法教学在纵向上，按照由易到难的教学顺序；在横向上，可依据学生对语法项目把握的实际程度决定教学的先后次序，从而提高学生英语的“编码”和“解码”能力。

语法教学要以语法理论知识的教学为先导，使学生具有在社会交际中运用语法理论来指导言语活动的自觉性。对于处在高级学习阶段的大学生来讲，他们已经具备了一定的语法基础，初步掌握了语法的系统，单靠对语法知识的补充和复习对于他们交际能力的提高没有太大帮助。这就要采用新的办法，突出语言的运用，在运用的过程中强化已有的语法知识。

一个语法项目包括很多内容、规定和例外。因此，语法教学要分清主次，不要指望学生一次就把某一现象的所有应用都学会，要循序渐进，多引导学生在学习过程中发现一些特殊用法。

（二）交际性原则

社会语言学认为，语言的功能是交际。交际能力包括语言能力，语言能力是交际能力的基础，没有一定的语言知识，语言运用就无从谈起。真正的语言能力是在交际活动中培养出来的，因此在语法教学中应体现出交际的成分。

只有通过对一门语言的使用才能真正地掌握这门语言。语言是在使用中获得的，不宜将语言的使用和语言的学习割裂开来。语言学习者必须多练，在不同的情境中反复使用，需要注意的是，如果语法结构不是在真正的交流中使用，或不具有真正意义上的交际意图，学生就无法获得最后的成功。

（三）对比性原则

对比性原则就是在英语语法教学中，要注意英语和汉语之间的对比。中国学生学习英语语法必然会受到母语的影响，而英语语法和汉语语法之间的差别较大，概括地说，英语多长句，汉语多短句；英语重结构，汉语重语义。我国语言学家王力曾经说过：“就句子的结构而论，西洋语言是法治的，中国语言是人治的。”[①]正因为英语是“法治”的，因而结构上只要没有出现错误，许多意思可以放在一个长句中表达，而汉语则刚好相反，语义是通过字词直接表达，不同的意思往往通过不同的短句表达出来。因此，英语语法教学必须尊重这一事实，注重英汉语法的对比性原则。

（四）系统性原则

语言本来就是一个完整的系统，语法则是这个系统的体现，所以语法教学应遵循系统性原则。

语法教学既要依据教材中的语法系统，又要符合语法发展的规律，语法内容的选择应该符合现代交际的原则，力求贴近学生的实际生活，以满足交际的需要。同时避免那些交际中很少使用的语法。

一个语法项目有着诸多内容，也有很多例外，教师不能一股脑全部教给学生。根据系统论可知，一个严密合理的系统，其整体功能肯定大于部分之和。如果没有对整体的综合感知，也就无法分析部分。而目前大部分英语教材中的语法现象都是分散的，所以教师要善于对学生已经接触过的语法现象进行归纳，由点到面，建立系统，使学生能够从总体上把握语法结构。

（五）情境性原则

生硬地讲解语法规则会使学生感到困惑、茫然，不知如何应用。情境性原则要求教师打破传统的语法教学模式，讲解语法时联系生活中的素材。另外，语法点的设计要尽可能地建立在学生喜闻乐见的情境下，用生动活泼的语言示范语法规则，将时事、新闻、生活等素材作为讲解或教师与学生及学生与学生开展交互活动的真实材料。

① 王力 . 王力文集（第 1 卷）中国语法理论 [M]. 济南：山东教育出版社 ,1984.

四、大学英语语法教学的方法

（一）注重积累，强化语感

语法是语言的基本规则，语法的积累和良好的语感是正确判断和使用语言的基础。因此在英语教学中，教师要组织学生大声朗读，多听相关的语音资料，以提高学生对英语的敏感度，形成语感。积累知识和强调语感的手段主要有以下三个方面：

1.不断积累

积累是培养语感、提高学习效率的有效途径。在汉语学习中，教师经常要求学生收集和记录一些名言名句与优美文章，这种方法在英语语法学习中同样适用。因此，在语法教学中，教师要培养学生记笔记的习惯，要求学生在课余时间收集一些名言名句和精彩的短文，并要求他们经常阅读或背诵。经过长期的阅读和背诵，学生形成了一定的语感，自然而然地就会用了。

语感是在大量听、说、读、写的实践训练和交际活动中日益培养起来的，良好的阅读习惯一旦养成，英语交际能力就会有很大的提高。

英语语法可以通过教师的教授而习得，但是语感却是很难传授的，需要学生自己去感受、积累和学习。良好的语感对于学生完成听力、口语、阅读、写作等任务起着极大的促进作用。

2.大声朗读

大声朗读是培养语感的有效方法。有些学生一开始就养成了不好的学习习惯，还有些学生语音不标准常被同学笑话，所以他们不太愿意进行大声朗读的训练。基于此，教师应该在每堂课前要求学生大声地读10分钟的单词或课文，久而久之，学生就养成了朗读的习惯，语感也就逐渐增强。

3.经常背诵

学生养成了朗读的习惯后，教师还应该要求学生背诵。坚持背诵，学生的语感才会有显著的提高，并且坚持背诵的学生的理解能力、口头表达能力及书面表达能力都会比其他学生好得多。但是，每个学生的水平都是不相同的，因此教师不能统一规定，应针对不同学生规定不同的标准，做到因材施教。背诵的具体标准如下：

（1）对于一些学习成绩不好、学习较为吃力的学生，只须背诵一些重点的词组和单词即可。

（2）对于处于中等层次的学生，需要背诵课文的句子、段落及一些重点的习惯表达部分。

（3）对于学习成绩较好的学生，要求背诵每一单元的阅读课文、重点对话及复习重点。

（二）多进行对比，善于总结

英语和汉语属于两个完全不同的语系，因此两种语言之间存在着诸多的差异。我们是在中文的环境中生长和学习的，中文是我们的母语，对我们的英语学习必然会产生一定的影响，其中有正迁移，也有负迁移，因此在教学中，教师应对这两种语言进行对比，以加深学生的理解。通过对比可以发现，英语和汉语存在很大的差异，如英语的名词有单复数变化，而汉语就没有；英语中动词有时态变化，而汉语却没有；英语中的定语通常后置，而汉语中定语往往前置；状语在英语和汉语中所处的位置也不相同。

鉴于英汉两种语言的各种差异，教师应引导学生进行对比，对英语和汉语在语言结构、句子特点等方面有一个深刻的认识。同时，在对比的基础上还要善于总结归纳，这对于准确把握两者的异同有积极的作用。

（三）了解语法规则，促进巩固

英语中有大量的语法规则，这些规则存在着一定的规律性，但也有许多不规则的现象。这些不规则的地方就是学生最容易出错的地方，因此，对于一些不规则语法现象，学生要熟悉和牢记，并能在实际语境中不断运用。教师在教学中也要有意识地引导学生进行这方面的训练，以便学生更好地掌握语法。

1.不规则名词

名词的不规则变化就是名词在变成复数时的例外情况。

2.不规则动词

不规则动词主要是指变化为过去时或过去分词时有特殊变化形式的动词。

一般的教材后面都附有一张不规则的动词表，教师可以要求学生背诵。由于英语中的不规则动词有很多，而且都属于常用动词，因此在初学阶段要记住所有动词的不规则变化是很难的，在运用的时候也很容易出错。此时，在熟记不规则动词时，可采用朗读的方法，先记住这些动词不规则形式的读音，然后按照原形动词、过去时、过去分词的顺序一一进行熟读，接着练习它们的拼写。该方法对于快速掌握不规则动词的读音和拼写十分有利。另外，不规则动词也有一定的规律可循。

（四）列出虚拟句式，明确其语法功能

语法学习的最根本目的是交际，在具体的教学过程中，应将虚拟式的语法功能同语言的交际能力联系在一起进行讲解。例如，在表示不可能实现的愿望或假设的情境时，可为学生提供如下句型：

1.wish+subject+unreal past。

2.If only+subject+unreal past。

3.As if (=as though) +subject+unreal past。

4.subjunctive in conditional sentence。

这些句式是语法中常见的句式，也是教学的重点和难点，因此教师要先对这些虚拟句式进行归类，以使学生对上述句型的语法功能有一个正确的理解，进而再辨别它们之间的差异。

（五）采用适当的教学模式

语法教学与模式有着密切关系，因为英语语法知识和技能是一种结构体系，其学习和能力的生产过程是以模式演进的。所以，英语语法教学模式的选择、提炼及应用都是优化英语语法教学的有效途径。常用的英语语法教学模式主要有演绎教学模式、归纳教学模式和情境教学模式三种。

1.演绎教学模式

这种教学模式比较适合成人的学习。在演绎教学模式中，教师首先要展示语法规则，然后对其进行举例说明，进而由学生将所展示的语法规则运用到新的语言环境中。但是，在使用这种教学模式时，语法规则的讲解一定要清楚准确，以使学生准确地理解。需要注意的是，该模式很容易使学生产生很强的依赖性，而且通过该模式学到的语言知识也很容易遗忘。演绎教学模式注重的是规则记忆，而不是语言使用，因此重在教师的讲，学生的参与较少，而且处于一种被动的学习状态。因此，此模式只适合于语法教学的初级阶段。

2. 归纳教学模式

归纳教学模式就是教师利用归纳法教授英语语法的程式。在这种教学模式中，学生首先接触到的是含有语法规则的真实语句或语篇情境，然后以上下文提供的信息归纳出使用规则。该语法教学模式对于增加学生的语言接触面，提高学生的语言能力十分有利。通过归纳总结语言使用规律，可以使学生对语法的应用有一个深刻的理解。该教学模式比较注重语言的运用，通常对教师有较高的要求，有利于激发学生的参与性。例如，在进行现在进行时教学时，教师首先会给学生展示大量典型的句子，然后由学生自己归纳总结出进行时态的结构特点。

3. 情境教学模式

情境是指在时间上存在于某一点的，并表现多重刺激模式、事件、对象、个人和情感等构成的一个复合整体。情境和语境是英语教与学存在和发展的前提，语言不能脱离语境和情境而存在。融入情境的语法教学有利于激活语法课堂教学，提高语言教学的效率。

（六）多加运用

学习语法的重点不是看懂，而是运用。英语语法教学常常出现这种情况：学生在课上听懂了，但是到真正运用的时候就无从下手。因此，语法学习要在理解语法知识的基础上，多加运用。运用语法项目的方式主要有以下三种：

1. 找“主人”

找“主人”是一个游戏活动，主要用于名词性物主代词和形容词性物主代词的教学，适合练习阶段使用。其操作步骤如下：

1. 将学生手中的物品收集起来放在讲台上。

2. 请学生到讲台前将物品分发下去。为保证活动的顺利进行，教师首先应将游戏规则讲给学生，并做示范。

3. 学生轮流到前面来拿东西，使每个物品都能找到自己的主人。每次每个学生只能拿一件东西，以保证有足够多的学生得到问的机会。在活动中，教师要激励学生积极配合，对学生的回答给予肯定和鼓励。

2. 虚拟情境

每个学生都会喜欢“设想自己的未来”。在语法的课堂教学中，教师可以利用学生的这一心理来设计“虚拟未来”的活动，以训练虚拟语气的用法。该活动可采用小组形式，也可采用全班活动形式。

3. 爱好选择

该活动是一种个性化练习，要求学生根据自己的真实情况做出喜恶的选择。该活动还可以用于比较级和最高级的教学中。其活动方式可采用两人或小组形式，也可采用全班活动形式。

类似的活动还有许多种，在此不做过多介绍。在课堂上运用这些活动，能为学生的语法运用提供很好的机会，并切实提高学生的语法运用能力。

第三章　高职英语技能教学

听、说、读、写、译是英语教学的五个核心技能。其中，听力和阅读是语言输入的重要技能，口语和写作则是语言输出的重要技能，翻译则是一项综合性技能。这五项技能的提升直接关系到学生英语综合水平的提升，因而一直都是英语教学的重点。当然，不同阶段的英语教学对五项技能的要求和侧重点也有所差别，本章就主要介绍大学阶段的英语技能教学。

第一节　高职英语听力教学

一、高职大学英语听力教学概述

（一）高职大学英语听力教学的目标

《高职高专教育英语课程教学基本要求（试行）》将听力教学的目标划分为两个层次，详见表3-1。

表3–1　高职大学英语听力能力的分级目标

能力要求	具体描述
A级	能听懂日常和涉外业务活动中使用的结构简单、发音清楚、语速较慢（每分钟120词左右）的英语对话和不太复杂的陈述，理解基本正确
B级	能听懂涉及日常交际的结构简单、发音清楚、语速较慢（每分钟110词左右）的英语简短对话和陈述，理解基本正确

听力教学活动的开展是以促进听力理解和技能运用能力的提高为目标的。由表3-1的目标要求可以看出，听力教学要注重达到技能训练与信息获取的双重目的。因此，教师在听力教学中不仅要训练学生的听力能力，还要督促学生掌握听力材料中出现的语言知识点。

（二）高职大学英语听力教学的内容

听力教学的内容概括起来包括四个方面，即语音训练、听力技巧、听力理解和逻辑推理训练。

1.语音训练

学习一门语言，首先要学习它的语音，掌握单词的正确发音。语音知识的缺乏会直接导致听不懂听力材料。语音训练包括对听音、意群、重读等的训练，训练应该按照词—句—文的顺序。学生在语音训练中存在很多问题，主要包括以下四种：

1.很少注意英语的读音规则，如轻、浊辅音后加-ed以后区别的发音。

2.同音词或发音相似词的辨析。如chip—cheap，ship—sheep，bed—bad，pin—pen，sit—seat，heer—shear，house—horse。

3.对语流上出现吞音、连续、弱化等情况的掌握不佳。

4.难以区分美式发音和英式发音。近年来，美音教材逐渐增多并呈流行趋势，学生缺乏对语音规则的学习和技能训练，因此在真正的语言环境中，很难快速、正确地反应，从而影响了听力的理解。

基于此，教师在日常学习中要加强学生的语音训练，从而提高学生的语音辨别能力，为提高听力理解打下坚实的基础。

2.听力技巧

听力技巧的训练包括三个方面：选择注意力、记笔记和词义猜测。

（1）选择注意力

选择注意力指的是在听的过程中能将注意力集中于听力材料的总体或重要部分，避免在听的过程中受到来自信息源或其他各种信息的干扰，影响对所要获取信息的提取。

注意力的选择与听的目的有关，也就是说，为什么听决定了听时的注意力。如果听的目的是获取有关事件发生地点的信息，听者就能够有意识地把注意力集中到与地点有关的信息上；如果听的目的是了解事件发生的原因，听者就会把注意力集中到原因表达方式上，或把注意力集中到事故前后的相关事件上，并且会关注一些与此相关的词汇或短语，如for、cause、lead to、bring about、because of、on account of、as a result of等。

（2）记笔记

记笔记是听力训练过程中要掌握的一种重要技能。日常生活中我们也需要记忆一些东西，比如打电话时我们需要记录对方所说信息，如果见面还要记住一些更多的细节，如见面的时间、地点；听课或报告时也需要做适当的笔记。因此，在听力训练过程中，我们为了避免遗忘也要适当记录一些所听的内容。

（3）词义猜测

词义猜测是听力教学中必须培养的一种能力。我们常常会遇到这样的情况，当听的过程中出现了一个不熟悉的单词，我们往往就会纠结于此，耽误下面的听力内容。这是听力的一大忌讳，可谓因小失大。因此，遇到不熟悉的单词，一定不能慌，要静下心继续听下面的内容，并且结合上下文来推测词义。根据上下文信息判断说话者所表达的含义是信息理解的基础，根据上下文的信息我们可以判断说话者在讲什么、将要说什么。

3.听力理解

听力教学的目的是要训练学生对句子和语篇的理解能力，使学生的理解步步加深，由“字面”到“隐含”再到“应用”。一般来说，理解包括两个方面的内容：大意理解和细节理解。

（1）大意理解

听力理解中的核心技能要求之一就是对文章大意的理解。大意理解主要要求听者能够综合所听信息判断其主题、话题、中心大意等。长期以来，学生在听力训练的过程中还只是停留在关注某一个或几个具体信息上，加之听力对短时记忆能力的要求，学生很容易出现“只见树木不见森林”的现象。因此，大意理解是听力教学中必须训练的技能。但是，由于听力材料的自身限制，并不是所有的听力都可以设计大意理解活动。

（2）细节理解

细节理解的表现形式有很多，信息的判断、信息的提取、信息的再现等都属于细节理解范围。在平时的听力教学中，对这一技能的训练主要通过反复精听来实现。例如，要尽量准确无误地听出文章中出现的重要的数字、年代、各种事实细节等，这就需要反复精听。科学系统的精听训练对学生来说非常重要，通过一段时间的精听训练，对于文章中的每一个语言点，学生都可以轻松捕捉和分辨。

4.逻辑推理训练

在听力教学中，训练学生的逻辑推理能力是十分必要的，因为语法和逻辑知识是正确理解和判断的必要条件。例如，当听到/hiːz red ðə buk/时，运用正确的逻辑推理我们可以得出“He’s read the book”，这句话，而不会理解为“He is red the book”。

在听力训练过程中，学生要对信息有一定的预测能力，当能预知将要听到的信息范围时，头脑中该范围的知识储备就会被“激活”，那么听力理解的效果就会更好。比如，一段听力材料中，关于主人公Mike一共有四句话的描述。

1.Mike was in the bus on his way to school.

2.He was worried about controlling the math class.

3.The teacher should not have asked him to do it.

4.It was not a proper part of the janitor’s job.

在听这四句话的过程中，我们的判断一直在被推翻。当听到第一个句子时，on his way to school会让我们想当然地认为他是一名学生；但当听到第二句话controlling the math class时，我们又会猜测他应该是教师；第三个句子the teacher should not又推翻了前面的判断，使我们又回到了最初的推断，即他是一名学生；最后一句话的出现让我们知道Mike原来是学校的勤杂工。

由此可知，在听听力材料时，判断是随时可能发生改变的，因此我们要根据材料运用逻辑推理能力来建立或改变自己的推测。

二、高职大学英语听力教学的原则

（一）真实性原则

语言学习的最终目的就是交际。因此，在听力训练过程中，只有使用真实的语料和情境，才能为学生以后的实际交际打下良好的基础。听力材料的选择对学生听力能力的训练起着关键性的作用。在选择听力材料时要注意以下两个问题：

1.材料多样

听力教学是枯燥的训练，为了保持和提高学生的学习热情与积极性，听力材料的选择首先要具有多样性。不同场合的语言具有不同的风格与特点。在英语教学中，教师应该充分考虑学生的实际情况，在听力材料的选择方面，要尽可能地考虑到不同的情形，使学生熟悉与适应不同的语言特点，这样才能使学生将所学知识更好地运用到日常的交际活动中去。

2.难度适中

一般来讲，听力材料太简单，不利于提高学生的听力水平；而材料过难，又会造成学生心理紧张，影响听力水平的发挥。简单来说，就是听力材料的难度要略高于学生的现有水平，这样对学生来说具有一定的挑战性，学生也更乐于接受。

（二）多样化原则

在听力训练过程中，教师应根据不同的训练目的，采用不同的训练手段。训练手段的多样化不仅能让训练变得有针对性，还能让学生对训练一直保持兴趣，否则千篇一律的训练方式会让学生感到乏味。在课堂上，学生听教师和其他同学讲英语是培养其听力能力的重要途径。教师可根据由慢到快、由易到难、由简到繁的原则坚持用英语组织课堂教学、讲解课文，并鼓励学生大胆讲英语，以创造浓厚的课堂氛围。

另外，教师应根据不同的教学目标选择不同的听力材料，并采用不同的训练模式，比如教学目标是让学生区分练习各种语音，那么可以让学生听几组发音相似的词汇或含有相同读音词汇的句子，让学生边听边体会；或者教学目标是归纳总结听力材料的文章大意或主题思想，就可以允许学生运用汉语来总结概括。

总之，教师要尽可能地为学生创造听英语的机会和条件，不断地改变和改进训练方式，让学生愿意主动配合教师的训练，使学生的听力得到逐步提高。

（三）循序渐进原则

学习不可能一蹴而就，而是需要经过一个循序渐进的过程，英语听力学习也不例外。因此，教师在进行英语听力教学时应遵循循序渐进的原则，在听力教学中做到由慢到快、由易到难、由简到繁。

循序渐进的原则主要体现在听力材料的选择上。教师应该根据学生的学习阶段选择听力材料，听力材料的难度由易到难，逐步加强并兼顾多样性及真实性。比如，教授初学者时应选择吐字清晰，连读、弱读现象少，并且语速适中的材料。听力内容也要贴近生活，应选择社会热点话题、新闻、故事及日常生活会话等，以激发学生听的欲望和兴趣，让学生在听的过程中有所得、有所知。随着教学的进展，教师可以在各个方面提高听力材料的难度，以满足学生的求知欲。

（四）听、说、读、写有机结合原则

英语教学中的听、说、读、写四项基本活动，既相互独立，又相互依存。而且更多情况下是几项活动互相结合，同时进行。以听力训练为例，虽然是训练学生的听力，但是一般还会采用会话、听写、听后复述等方式，这样做不仅可以集中听的注意力，带动其他技能的发展，而且可以创造真实的语言环境，有利于培养实际的交际能力，从而收到事半功倍之效。听、说、读、写四种能力是相辅相成、休戚与共的，任何一种能力的提高都能带动其他能力的提高；反之，任一种能力的缺乏都会影响其他能力的掌握和提高。

（五）综合训练原则

综合训练原则是指在听力训练的过程中不能单纯依靠某种训练手段，要尝试将几种训练方式结合起来，让训练变得更加高效。

1.分散训练和集中训练相结合

分散训练主要是指分散于语音、词汇、句型、语法，课文教学中以各种单位和各种方式进行听的活动，特别是配合课文教学的听。它主要通过语言教学，让学生在不知不觉中接受听力的专项训练。在日常教学中，教师教授例句、文章应尽可能以口头形式完成。这种潜移默化的影响对学生听力能力的提高有很大的帮助。由于听的活动需要注意力高度集中，时间一长就容易使学生疲劳，所以分散训练是一种有效的办法。

但作为专门技能训练，听力训练只分散进行是不够的，还需要集中训练。集中训练指在分散训练的基础上，每周专门抽出1 ～ 2课时进行大量的、有指导的强化训练，对学生在听力中遇到的具体问题进行帮助、指导。集中进行听的训练，时间才能得到保证，教师也才能集中精力，根据不同学生的不同困难，进行有针对性的帮助和指导。只有坚持分散训练和集中训练相结合，才能真正让听力训练变得有效果。

2.分析性听和综合性听相结合

分析性的听主要有两个层面的含义：一是指在听的活动中有明显的语言分析；二是指把听的材料分析为各个语言层次，让学生分步听，进行听力基本功训练。简而言之，分析性的听注重细节内容的理解，可以是词、词组、句子、句

组，可以一个单位反复地听，听时做动作、表演、填图，或完成听的内容所要求的其他任务等。因此，需要学生在听时逐字逐句地分析细听，对例题中要求回答的事件发生时间、地点、年份、数字等细节要特别注意并做简单记录。

综合性的听是指对听力材料进行粗线条的整体理解，这种原则可以解决听力题中对材料主旨的理解、对整体思想的分析等方面的问题。因此，综合听时，学生应以语篇为单位，注重整体内容的把握。由于综合性听的难度大，为了使学生保持和提高听的兴趣，可以先听难度低于所学课的材料，学生习惯后再逐步提高难度。

分析性的听也可意味着细节性的听，而综合性的听则意味着深层含义的听，分析性的听是综合性的听的基础。在听力训练中，由于听力题既涉及材料的通篇理解，又不能忽视细节问题，因此听力教学要将两者有机结合，要求学生把综合性听与分析性听结合起来，以培养学生听的能力。

（六）理解和反应相结合原则

英语是一种交际工具，需要交际双方的互动，也就是说，听者需要理解说者的意思并对其话语做出反应，听、说双方的相互理解与反应，促成交际活动的继续。只有听懂了，才能做出正确的反应。教师在听力教学中，可以通过观察学生对所听材料的反应来判断学生理解得正确与否。检查学生反应情况的形式是多种多样的，有口头的，如对问题的简单回答；也有书面的，如选择题。多样化的检查反应的方法对学生的反应技能提出了多样化的要求。比如回答口头问题时，不仅要听懂所提的问题，还涉及学生说的能力。而回答选择题可以检测、锻炼学生的理解力、判断力。由此可见，听懂和反应的有效结合，不仅可以测试学生的理解和反应能力，还可以锻炼学生的理解和反应能力等。

（七）符合交际需要原则

英语教学的最终目的是交际，听力训练也不例外。听力学习的最终目的是听懂地道的英语。而在国内学习外语不可能终日处在一个全英语的环境中，因此教师在平时的教学中应坚持用英语授课，尽量使用正常的语速，力求发音准确无误。只有这样学生才能学到地道的发音，为听力能力的提高打下良好基础。

此外，听录音也是培养听的能力的有效方法，因而教师要充分利用各种电教设备，让学生多听地道的英语，在选择上要尝试不同年龄、不同性别、不同身份的人在不同场合的对话。在课前或课间偶尔也可以让学生听一些地道的英文歌曲，从而提高学生学习英语的兴趣。

三、高职大学英语听力教学的方法

（一）任务型教学法

任务型教学法起源于20世纪80年代，并广为应用语言学领域所认可和接受。任务教学法通常以完成任务为教学目标，并以任务作为组织教学的单位。所有的教学活动都围绕任务进行，教学活动随着全部教学任务的完成宣告结束。

实践证明，将任务教学法应用于英语听力教学中能够充分发挥学生自身的认知能力，使学生在参与、体验、互动、合作中增进理解、发展语言。

任务教学法在听力课堂教学中的运用主要分为以下三个步骤：

1.听前任务

听前任务是为了帮助学生激活已有的与听力材料有关的背景知识。除此以外，教师还要根据听力材料的内容适当地给学生补充背景知识，包括内容背景知识和形式背景知识。其中，前者是指对不同国家、社会与文化的了解，而后者则指对文章文体、类型、结构等语言知识的了解。

听前任务的设定能够帮助学生回忆已有知识，通过激活背景知识降低学生的理解难度，使学生将旧的知识和新的知识加以结合，增进理解，在完成任务的过程中获得成就感和听力学习的信心。

2.听时任务

听时任务是听力实践的阶段，主要训练学生适应语音、语速、语调，熟悉文章大意、捕捉文章细节和主要信息，保证听的有效性。此阶段，教师可以通过采用丰富多彩的教学活动，如边听边记录，根据听力信息对相关内容排序，根据听力信息表演相关动作或绘出图片、填空等，培养学生学会使用听力技巧和策略，训练学生的信息理解和听力技能运用能力，以更好地理解和记忆材料内容。

3.听后任务

听后任务包括两个方面。①检查学生任务的完成情况，分析学生的错误答案及其产生的原因和解决办法。②在理解输入的基础上，培养学生提取信息的能力，并及时布置语言输出的任务，使学生通过运用语言将听到的语言知识转化为语言能力，加速学生语言的内化过程，促进语言的输出。学生在语言输出的过程中，教师应对学生多加鼓励，激发学生听和说的积极性，活跃课堂气氛，真正做到师生互动、生生互动，在互动交流中获得听解能力及综合语言能力的提升。

（二）互动教学法

互动教学法主要包括两个方面的互动：一是学生与所听材料内容进行交流的双向活动；二是学生与教师之间的交流互动。听力的互动体现在说话人通过问答等方式和听话人进行交流互动，并根据听话人的反应对所讲内容及时进行解释说明或调整。换言之，即说话人与听话人进行语言意义的谈判，目的是确保听话人真正明白说话人的意思。

实现学生与听力材料之间的交流互动，教师是关键。教师要在学生和录音材料之间架起交流的桥梁。学生听录音时，教师可将听力材料进行分割，分为若干部分。每当听完一部分后，教师可采用提问的方式与学生进行交流互动，以便及时了解和掌握学生对所听内容的理解情况。

学生与教师之间的交流互动既要求学生在教师的组织下按照教学计划的要求进行系统的语言学习，也要求教师按学生的要求进行有针对性的教学。

（三）体裁教学法

体裁教学法的理论基础是将体裁概念和体裁分析的方法运用于课堂教学，围绕语篇的图示结构开展教学活动。其目的在于利用体裁分析结果帮助学生了解不同体裁的语篇特点、结构及交际目的，从而使学生认识到语篇不仅仅是一个语篇结构，更是一种具有社会意义、交际功能的结构，从而加深对各种体裁的了解和认识，并将体裁知识运用到英语学习当中。

长期以来，听力都是国内英语教学中影响学生英语水平提升的一个重要因素。而如何有效提高学生的听力水平就成了英语教师最为关心的问题之一。近年来，越来越多的教师和学者开始关注体裁教学法，并将其应用到英语听力教学中。事实证明，体裁教学法对英语听力教学有着重要意义。

1.听力教学中运用体裁教学法能够使学生通过对材料体裁（包括语境、结构、文化背景和语言特点）的分析，掌握相对稳定、可借鉴的语言模式，从而让学生借助听到的内容全面理解文章，有效地提高学生的理解程度。

2.听力教学中运用体裁教学法还有助于培养学生的发散性思维、创造性思维，学生一旦熟练掌握了某种体裁的语言结构、特点和惯用表达以后，便能自如地运用这种体裁，进而能更好地理解该体裁的各种语篇。

第二节　高职英语口语教学

一、高职大学英语口语教学概述

（一）高职大学英语口语教学的目标

《高职高专教育英语课程教学基本要求（试行）》将口语教学的目标分成了两个层次，如表3-2所示。

表3–2　高职大学英语口语能力的分级目标

能力要求	具体描述
A级	能用英语进行一般的课堂交际，并能在日常和涉外业务活动中进行简单的交流
B级	掌握一般的课堂用语，并能在日常涉外活动中进行简单的交流

（二）高职大学英语口语教学的内容

口语教学的目标是培养学生的口头交际能力，因此口语教学的内容也要围绕这个目标展开，主要包括语音训练、词汇和语法、会话技巧、文化知识四个部分。

1.语音训练

语音训练的目标就是掌握正确的语音和语调，包括重读、弱读、连读、音节、意群、停顿等。错误的发音或不同的语调会使对方理解困难，甚至产生误解。因此，一些语调、节奏和发音技巧也是需要掌握的。

（1）语调

语调是指语音的“旋律”，也就是声调高低的变化。语调在一定程度上是由重音控制的，因为在声调高低的比较中，重要的变化只出现在重读音节上。英语语调分为上升调（↑）和下降调（↓）。

①升调多用于各种问句，即一切表示怀疑的语句，如可用Yes和No回答的疑问句；还有重复别人的话时。例如：

Are you ready? ↑

A：This is a typewriter. ↓

B：Typewriter. ↑

②一般来讲，降调用于肯定的句子、命令及不能用Yes和No来回答的问句；此外还有感叹句和附加问句。例如：

I went to the cinema last week. ↓

Take me to the post office. ↓

Where are you going? ↓

How beautiful this necklace is! ↓

She is a popular singer, isn't she? ↓

③选择疑问句时，前者用升调，后者用降调；罗列事物时，前面的用升调，最后一种用降调。例如：

Are you Chinese ↑ or Japanese? ↓

I like apple ↑ , orange ↑ and water melon. ↓

④同一个句子中的升调或降调表达不同的意思。例如：

A：This movie is meaningless.

Bl：It ↘ is.（非常肯定）

B2：It ↗ is.（可以是漫不经心地附和，也可以是不耐烦）

B3：It ↘ ↗ is?（稍带责备口吻，意思是“你怎么会这样认为？”）

（2）节奏

英语的节奏规律是靠重读音节与轻读音节的组合加重复来体现的。英语口语中的节奏基本体现在各个重读音节之间，其时距大体相同。各个重音与它跟随的若干轻读音节（用“·”表示）构成一个节奏群，有时一个节奏群是一个空拍（用“^”表示）开始的（空拍在英语中也叫silent stress）。节奏群用“/”来表示。我们用大致相同的时间来朗读每个节奏群。因此，为了真正取得节奏效果，碰到轻音少的节奏时，可以念慢些，轻音较多的节奏群则必须念快一些。例如：

daylight · /flashlight ·

One/two/three/four，/let's · /go.

Peter's · younger · sister · /left the · bagat · home.

This is · the · /furnit · ure · .

两个重音之间的轻读音节越多，在每个轻读音节上花的时间便越少。有时一个节奏群是以空拍开始，后面紧跟着几个轻音节，这样的节奏群常见于句首或句子中需要停顿的地方。例如：

He^is · a · /student.

/Yes/Peter/ · ，he/was · at · /home.

2. 词汇和语法

词汇和语法对口语的重要性不言而喻，首先，没有足够的词汇量，就不能准确地表达自己的思想；其次，没有正确的语法知识，就不能合理地组织语言，或者表达语无伦次，让听者不知所云或产生误解。因此，口语教学里一定要涉及词汇和语法教学的内容，只有这样才能更好地实现口语教学的目标。

3. 会话技巧

口语教学的最终目的是交际，在语言交际过程中如何做到有效沟通，少不了一些技巧的运用，具体来说，主要包括以下四个方面：

（1）语气积极乐观

西方人为了使对方感到乐观、积极，很少用消极语气（即句子里不含no或not）。例如：

Can you help me?

I will do what ever I can.

如果说“I'm sorry I can't help you”就比较消极。

（2）使用委婉语

西方人谈吐重视斯文雅致，喜欢说别人爱听的话，尽量避免忠言逆耳。有时为了表现得文明、高雅，一些“婉转悦耳”的字眼也相继出现了。比如，“丑”不说ugly，而称为homely；“胖”不说fat，而说成heavy-set；“家庭主妇”不说housewife，而说成homemaker；等等。

（3）先扬后抑

美国人对别人的建议或忠告，多半不会马上答复。即使不想采纳，通常也会客气地赞美一下，然后才会说正题。在婉拒别人的邀请时也同样使用这种方式。例如：

You have a wonderful idea, but have you thought of it another way?

你的主意很棒，不过你是否想到用另外一种方式来考虑呢？

Thank you for asking, but I have to do something else tonight.

谢谢你的邀请，但我今晚要办其他的事情。

（4）以冷静、幽默的方式解窘

西方人遇到窘境下不了台时，也能泰然处之，甚至以自责或自贬的方式一笑了之。例如，当自己笨手笨脚做不好一件事时，会说："Gracious，I seem to be having a hard time."（天哪！我似乎困难重重！）

4. 文化知识

在口语交际中，文化知识也是必不可少的。交际的得体性决定了学生必须掌握一定的文化知识，包括普通的文化规则和不同文化之间的交际规则。这就是说，学生除了要具有良好的语言能力外，还要具备一定的文化知识，以使自己的语言与所处的语言环境、文化氛围相符合。文化对语言的影响和制约主要表现在两个方面：一是对词语的意义结构的影响；二是对话语的组织结构的影响。

二、高职大学英语口语教学的原则

为了更好地完成口语教学目标，口语教学必须遵循一定的原则，以达到最佳的教学效果。从具体的实践来看，在教学过程中应遵循以下原则：

（一）注重策略传授原则

为了使所学得到更好的应用，教师应该向学生传授口语的策略，从而帮助他们扩大自己的知识面，增强学习和运用英语的信心。比如，教学生使用最小反应用语。最小反应用语是在谈话过程中当别人讲话时使用的表示理解、赞成、疑问及其他反应的习惯性表达，如"That's fine.""Really?""Right?"等。学会使用这些固定的表达可以使学生把注意力集中到谈话的内容上，而不用专门拿出时间计划自己的反应。让学生掌握这类最小反应用语可以帮助英语水平不高或者对自己的口语能力缺乏自信的学生在听别人讲话时有话可说，而不是一味地沉默，这样可以激发他们参与交际的积极性。既让学生避免了交谈时的尴尬，也让学生尝到一点成功的喜悦，对提高学生的学习兴趣和积极性都很有帮助。

（二）循序渐进原则

英语口语教学中的循序渐进原则，就是指在口语训练时要由浅入深、由易到难、由机械模仿到自由运用，循序渐进地展开。因为学习任何事物都不可能一蹴而就，都要有一个过程。比如在口语教学中，有的学生发音不标准，教师要注意不同地区的语音特点和学生发音的实际困难，加以引导，要鼓励学生大胆开口，对语音、语调和语法的正确性有一定的要求，但切忌一步登天，要逐步提高。另外，需要注意的是，开始设定目标时不能太低也不能太高，太低会让学生失去兴趣，觉得没有挑战性；太高又会使学生在开口时产生畏难情绪，因此一定要掌握好度，循序渐进地开展口语训练。

（三）多样化原则

在实际的教学过程中，多样化原则应该体现在以下两个方面：

1.教师要运用多样化的教学手段。口语课应该是轻松愉快的，教师根据学校的实际情况，尽可能地充分利用现有的教学设备，如录音机、多媒体，让学生通过图片、音频及视频等，提高自己的口语水平。

2.教师运用多样化的教学方法。教师可以根据每堂课不同的教学目标，运用不同的教学方法，设计不同的活动训练学生的口语，比如唱英语歌曲、情境对话、故事接龙、看图说话等。

教师在学生能够开口说的基础上，要继续提高要求，着重训练其说话的流利性，并在语言的规范性、语音语调的正确性上有更高的要求，为以后的实战打下良好的基础。

（四）内外兼顾原则

长时间以来，我们的教学活动更注重课堂的教学，而对课外活动不够重视。

殊不知，课外活动是课堂教学的继续和延伸，与课堂教学息息相关。因此，教师不仅要注重课堂教学，还应该注重课外活动，为学生提供条件，指导学生在不同场合运用所学语言材料进行正确、恰当、流利的口语操练，比如组织英语角、英语演讲比赛、英文唱歌比赛等，让学生通过这些课外活动复习、巩固与提高所学的知识，培养学生说口语的兴趣，巩固和提高学生的口语能力。

（五）贴近学生生活原则

在给学生布置口语任务时，任务一定要贴近学生的学习和生活。只有这样，才能激发学生开口的动机。要做到这一点，教师需要做好以下三个方面的工作：

1.充分考虑学生交际的愿望和目的。

2.设计有趣的主题或话题。

3.把学生感兴趣的话题渗透到口语教学内容中。

（六）兼顾准确性和流利性原则

教育界关于学生口语是准确性重要还是流利性重要的争论已经存在很长时间了。而教师在开展口语教学和训练的过程中，既要开展以训练学生语言准确性为中心的活动，也要开展有利于培养学生语言流利性的活动。在技能的获得阶段，要优先考虑语言的准确性。对于高水平的学习者来说，应该要求他们能够以正常的速度自然地讲英语，同时要保证语言的准确性。作为一个真正的口语熟练者，既要求能够讲得自然、有创造性，也要求能够说得流利和准确。这是一个长期的过程，教师和学生都不能急于求成，要认真对待过程中取得的进步。

（七）科学纠错原则

纠错是一个很敏感的话题，处理是否得当直接影响着教学的效果和学生的学习积极性。我们既不提倡有错必纠，也不提倡采取宽容的态度，而是主张采用科学的纠错方法，以确保学生口语水平的有效提高。

在口语练习中，学生会不可避免地出现各种各样的错误，有的教师会匆忙打断学生的思维和交流去给他们纠错，其实这种方法并不可取，因其不仅会打乱学生的思路，还会打击学生的信心，使其产生恐惧心理，进而因害怕出错而丧失说的勇气。一般是在学生谈话之后，教师给予及时的纠正，然而即便是这样，也要讲究策略，对不同学生犯的不同错误进行区别对待，根据不同场合及不同性质的错误分别进行处理。在操练语言的场合，可多纠错，但在运用语言交际时，则要少纠错；对学得较好、自信心较强的学生当众纠错会对其产生激励作用，然而对于学习困难较大、自信心较弱的学生，要尽量避免当众纠错，防止加重其自卑感。因此，在口语教学中，纠错的最佳方法是先表扬，后纠正，并注意保护学生的自信心及给他们自我纠正的机会。

三、高职大学英语口语教学的方法

（一）一般模式

一般模式通常包括背景铺垫—布置任务—执行任务—检查结果四个阶段。下面将具体阐述各个阶段的任务和意义。

1. 背景铺垫阶段也是引导阶段，是学生听的过程。本阶段的目的是为学生将要执行的任务创造情境、提供背景信息。这一阶段可以采取不同的形式，可以让学生阅读资料，也可以让学生观看实物与画面等。资料的选择也没有统一的要求，可以是教师朗读文章或讲述故事，也可以是听录音资料或看影像资料。

2. 布置任务阶段。此阶段主要包括教师给学生布置任务，为学生的“说”确立目标，制订方案，组织活动。

3. 执行任务，即学生说的阶段。此阶段是整个口语教学的重点。在学生说的过程中，教师不要过多干预，尽可能地保持沉默，把时间全部交给学生。这一阶段重要的是过程，而不是结果。教师不要过度关注学生说对了几句话，而要鼓励学生多说。

4. 教师检查任务的完成情况，主要是对学生的口语活动进行及时的总结，指出活动的不足，提出必要的建议等。

（二）展示法

展示法的操作和实施必须注意两个问题：展示的方式和展示的原则。

1. 展示的方式

按照不同的划分方式，就会有不同的展示方式。

（1）按照对材料的使用，展示可分演绎展示和归纳展示。

（2）按照展示主体的不同，展示可分为教师展示和学生展示。

（3）按照展示所用的材料的不同，展示则可分为多媒体辅助展示和无辅助展示。

2.展示的原则

无论采用何种展示方式，要想保证展示的效果就要遵循以下三个原则：

（1）简易原则。简易原则是指展示的内容应简单明了，不要将原本简单的事物复杂化，增加学生理解和掌握的难度。在多媒体技术高度发达的时代，使用多媒体技术已成为教师教学的主要手段，然而展示的过程中应注意，不要为了使用多媒体而使用多媒体。

（2）经济原则。经济原则是指教师的展示应尽可能以最少的时间、最少的精力、最低的财力投入来取得最佳的展示效果。例如，教师在向学生展示材料时如果没有配套的视频材料，若教师打算自己制作flash等动态影像或者请人制作则会耗费大量的时间、精力、财力，这样就不符合经济原则。

（3）效果原则。效果原则是指展示方式的选择应以能够保证达到最佳展示效果为标准。若多媒体设备展示的效果优于无辅助展示，且学校又具有配套设备，则教师最好使用多媒体展示，以提升展示的效果，这就是从效果原则出发。

（三）任务教学法

任务教学法是以学生为中心，以小组合作学习为主要形式，以学生完成任务为目标，因此对调动学生的积极性，增强学生的合作竞争意识，提高学生的口语水平具有极大的促进作用。任务教学法在英语口语教学中的操作可分为以下四个步骤：

1.呈现任务

本阶段的主要任务是帮助学生做语言和知识上的准备工作。呈现任务时，教师可结合学生的实际生活和学习经验，创设与学生学习或生活相关的情境，引发学生的好奇心，激发学生的兴趣。另外，教师还要为学生提供与话题有关的环境及思维的方向，增加新旧知识的连接度，在巩固旧知识的同时，自然学习新知识。本阶段要遵循先输入、后输出的原则。

2.实施任务

这个阶段在整个教学过程中最为重要。学生在接到任务以后可以采取多种方式实施任务，如小组自由组合的方式、结对子的方式，也可由教师设计多个小任务构成任务链等。小组自由组合或结对子的方式能够为每个学生的口语表达提供练习机会，还能够培养学生合作互助的意识，增进学习的效果。本阶段中，教师的主要任务是监督和指导学生的活动，保证活动顺利有效地开展。

3.汇报任务

学生完成任务以后，教师可要求各小组派代表或者小组内部推选代表向全班汇报任务成果。在学生汇报的过程中，教师不要轻易打断学生的表达，在需要帮助的时候适当给予指导，尽量让学生的汇报自然、流畅、准确。

4.评价任务

在各小组汇报完任务以后，教师和同学们一起评价任务，分别指出各个小组的优点和不足。评价学生的活动情况时应尽量持肯定态度，多鼓励、表扬，使学生体会到成就感，从而建立信心。当然，教师也应及时指出和纠正学生表达中出现的较严重、影响交际的错误，正确引导学生。

（四）文化导入法

语言是文化的重要组成部分，是反映人类社会文化生活、承载文化信息的工具。然而因历史、文化、社会背景、思维方式、观念、信仰等差异，针对同一交际场景，不同文化背景的人会有不同的认识和体验，从而产生社会文化差异。因此，在英语口语教学中应加强文化的导入，培养学生的跨文化交际能力。

在口语教学中，教师要从词语文化和话语文化两个方面进行文化导入，从而让学生更好地理解文化对语言的影响。教师在教学中可根据每堂课的教学目标，结合教材向学生介绍一些与之有关的文化背景知识，扩充学生的文化知识信息。此外，还可以结合多媒体进行导入。这主要是因为多媒体可以为学生创设真实的情境，使学生产生身临其境的感受。

（五）3P 教学法

3P教学法，即Presentation（介绍）、Practice（练习）、Production（运用）。概括来讲，3P口语教学法是由教师先介绍某个新知识点或技能，然后让学生就这些知识点及技能进行练习，以便熟练掌握所学习的知识点或技能，最后运用所学的知识点或技能进行口语表达。3P模式重点放在某一种语言形式上，每一阶段都有清晰的教学目标。

1.介绍阶段

本阶段主要通过举例、解释、示范、角色扮演及图片、影片等方式，介绍语法、结构、功能、交际技巧等内容，达到两个目的，即确立形式、意义和功能；导入话题、激活背景知识为训练做准备。

2.练习阶段

在此阶段，教师通过对话、找伙伴、看图说话、图画排序等控制性和半控制性活动，给学生提供大量的练习机会，鼓励学生尽可能运用新知识进行反复操练，以不断提高语言运用的准确性。

3.运用阶段

在这一阶段，主要开展交际性、创造性活动。教师为学生提供机会，让学生将新学到的知识融入已有的知识之中进行综合使用，以使学生自由地运用语言进行交际。这一阶段的实施，可以有效地增强学生的成就感，激发学生对口语产生浓厚兴趣。

（六）灵活练习法

1.机械练习

机械练习是一种最简单的说的练习，是不用学生多加思考就能进行的练习。其作用是促使学生记忆所学的句子，包括句子的语音、语调和句式。

（1）仿说

仿说的目的是促使学生掌握地道的发音，使学生语调流利自然，帮助学生学说话。当学生遇到困难时，教师要根据学生的情况，提供问题的解决方法和解决要点。其主要练习方式包括以下十种：

①听录音，看示意图画，跟从录音仿说。

②听录音，跟着教师演示，跟从录音仿说。

③听教师示范说，看着并指着示意图，跟从教师仿说。

④听教师示范说，跟着教师演示，跟从教师仿说。

⑤听教师示范说，指着或举起相应的图画，跟从教师仿说。

⑥听录音，然后独立演示动作，并跟从录音仿说。

⑦听教师示范说，然后独立演示动作，并跟从教师仿说。

⑧听录音，并跟从仿说。

⑨听三遍录音：第一遍静听，第二遍跟从录音小声说，第三遍重听一次录音，以检查自己的发音。

⑩听教师示范说，并跟从仿说。

（2）检查说的效果

检查学生说的效果主要包括以下两种形式：

①看着示意图能够独立说出相应的句子。

②看教师演示动作，然后独立说出相应的句子。

2. 复用练习

复用练习是一种围绕课文、教师讲授过的材料或情境所进行的练习。它是一种非常有意义的练习。学生需要开动脑筋才能在课文中或学过的材料里找到答案，有时候还需要学生对课文中的词句做适当的变动。

（1）反应练习

教师可利用实物、动作等进行演示，说出句子，然后要求学生根据句子做出相应的反应。例如：

T：I am going to the door.（指自己）

S：You are going to the door.（指教师）

（2）变换说法

由教师提出一个问题，学生根据问题做出不同的回答。例如：

T：What is a book store?

A：A book store is a store where we buy books.

T：Say it in some other way, B.

B：A book store is a store in which there are many new books.

T：Still another way, C.

C：A book store is a store that sells books.

（3）句组练习

句组练习就是利用一组句子来练习单词或句型。常见的句组练习形式有以下四种：

①排列式示意组。这种练习方式要配合实物、手势、图画等进行。例如：This is studio. This is multimedia. This is a scanner. This is a amplifier.（学习单词）

②演进式句组。该练习是一种利用动作教动词现在进行时很好的方法。例如：

I am opening the door.

I am closing the door.

I am going to my seat.

③问答式示意组。这种练习方式的要点是一问一答。其优点是在问答中重复又富有变化，生动形象，不仅便于记忆，而且对于提高学生的兴趣很有帮助。该练习可由教师根据教学的需要进行自创，可在师生之间进行。例如：

What is this?

It is a dictionary.

Is that a dictionary?

No, it isn't.It is e-book.（巩固单词，学习句型）

④动词时态演进组。例如：

I will put the book on the desk.

I am putting the book on the desk.

I put it there.

（4）变换句子形式

变换句子形式的练习有很多种，如延伸句子、简化/压缩句子、合并句子等。

①延伸句子。延伸句子的方法主要有两种：添加定语（从句）和添加状语（从句）。例如：

The boy is very clever.

The little boy is very clever.（添加定语）

John speaks English.

John speaks English fluently.（添加状语）

②简化/压缩句子。简化/压缩句子的方法主要有两种：词组简化为单词和复合句压缩为简单句。例如：

He is a man of honor.

→He is an honorable man.（词组简化为单词）

The little girl who is twelve years old speaks English very well.

→The little girl of twelve speaks English very well.（复合句压缩为简单句）

③合并句子。合并句子的方法有两种：将简单句合并为并列复合句和将简单句合并为主从复合句。例如：

He is twelve.His brother is eight.

→He is twelve and his brother is eight.（将简单句合并为并列复合句）

She told me yesterday.She liked swimming.

→She told me yesterday that she liked swimming.(将简单句合并为主从复合句）

（5）看图练习

①看图问答。教师可依据画面采用问答的形式进行练习。

②看图说话。教师将选择的画面展示给学生看，学生根据看到的画面开始联想并进行描述。这种方法能有效培养学生的表达能力和英语思维。

（6）根据课文进行练习

①教师概括出课文中某段或篇章的大意，要求学生认真思考，然后组织安排语言叙述某段或整篇文章的主旨大意。

②根据课文内容进行问答。以All These Things Are to Be Answered For为例：

T：Who was Alexandre Manette?

A：He was a French doctor.

T：Another answer.

B：He was a prisoner in the Bastille.

T：Still another answer.

C：He was a very good and kind doctor.

T：Who wrote “All These Things Are to Be Answered For”?

D：Dr. Manette wrote it.

T：Say it in some other way.

E：Dr. Manette wrote “All These Things Are to Be Answered For”.

T：What did he tell us in his account?

F：He told us the story of the great wrong done to him.

③学生根据教师安排的题目，整理课文中的词或词组，将之连成一段话。以

All These Things Are to Be Answered For为例，教师可让学生挑选出描写贵族和农奴斗争的单词和词组。例如：

Noblemen：to do wrongs to their tenants, force one to, to take away the daughters of their tenants, to strike one with a whip, to draw one's sword upon, to thrust one's sword at

Tenants：to fight back, to be wounded, a sword-thrust wound was fatal, gather one's strength, with teeth set and hands clenched, to be answered for

④仿照进行课文口头作文或有控制地进行口头作文。根据学生的水平可逐渐增加口头作文的难度，如增加长度、提高质量等。如教师可根据上文整理出来的单词和词组让学生口头叙述一篇农民和地主之间斗争的作文。例如：

Fight Between Peasants and Landlords

Landlords and peasants were fighting all the time. Landlords did terrible wrongs to peasants. They forced them to work for them without pay. They took away the beautiful daughters of their peasants. They struck their peasants with whips. They drew their swords and even thrust their swords at them.

Of course peasants fought back. They were often wounded. They received sword-thrusts. Their wounds were fatal. The wounded peasants gathered their strength. With their teeth set and hands clenched, they looked at the landlords and shouted: "All these things are to be answered for!"

3.活用练习

活用练习是更进一步的练习，是更高层次的练习。同复用练习一样，活用练习不能照搬课文中的句子，需要学生开动脑筋，认真思考，重新组织新的语言。但也与复用练习有所不同，相比较而言，活用练习给学生的自由更多，空间更大，学生可以独立进行思考。活用练习的目的就是让学生根据课文的内容和语言来描述自己的生活，表达自己的情感和思想。常见的活用练习形式有以下两种：

（1）利用课文中的语言来描述自己的生活。这种练习方式是让学生先了解课文，掌握课文中的词和句子，然后根据课文中的词或句子来描述自己的生活。如学过了关于学习课程的课文后，可以让学生叙述自己不同课程学习的情况；学过了关于新闻报道的课文后，可以让学生采用新闻报道的形式来描述学习和生活中发生的一些事情。学生描述时可使用课文中的句子，但叙事的情境要真实。

（2）提出发挥性问题，据此学生发表自己的见解。这种练习方式指的是教师根据课文中的人物或故事情节提出发挥性或议论性问题，然后要求学生据此述说自己的见解或看法。需要学生表达的看法在课文中并没有现成的答案，需要学生自己思考然后作答。仍以These Things Are to Be Answered For为例，教师可以提出如下问题：

How could the noblemen do such terrible wrongs to the tenants without being punished?

What do you think of Dr. Manette after you have read the story?

第三节　高职英语阅读教学

一、高职大学英语阅读教学概述

（一）高职大学英语阅读教学的目标

《高职高专教育英语课程教学基本要求（试行）》将大学阅读目标分成两个层次，具体要求如表3-3所示。

表3-3　高职大学英语阅读能力的分级目标

能力要求	具体描述
A级	能阅读中等难度的一般题材的简短英文资料，理解正确。在阅读生词不超过总词数3%的英文资料时，阅读速度不低于每分钟70词。能读懂通用的简短实用文字材料，如信函、技术说明书、合同等，理解正确
B级	能阅读中等难度的一般题材的简短英文资料，理解正确。在阅读生词不超过总词数3%的英文资料时，阅读速度不低于每分钟50词。能读懂通用的简短实用文字材料，如信函、产品说明等，理解基本正确

在具体的教学过程中，教师应参照相应的教学目标，把握教学宗旨，调整教学内容，并在此基础上进行一定的拓展和延伸。

（二）高职大学英语阅读教学的内容

英语阅读教学通常包含以下十二方面的内容：

（1）辨认单词。

（2）猜测陌生词语。

（3）理解句子之间的关系。

（4）理解句子及言语的交际意义。

（5）辨认语篇指示词语。

（6）通过衔接词理解文字各部分之间的意义关系。

（7）从文章细节中理解主题。

（8）将信息图表化。

（9）确定文章语篇的主要观点或主要信息。

（10）总结文章的主要信息。

（11）培养基本的推理技巧。

（12）培养跳读技巧。

二、高职大学英语阅读教学的原则

（一）激发兴趣原则

无论是何种学习，抓住学生的学习兴趣才能得到最好的效果。因为兴趣是最好的老师，它可以激发一个人对事物的热情，可以调动一个人的积极性。学生对阅读是否有浓厚的兴趣是教学成败的关键，因为学生对阅读产生了兴趣，便会积极主动地投入到阅读的学习当中。所以，教师要注意教学内容的适当变换和教学形式及手段的多样化，尽量避免教学活动的枯燥乏味，使阅读教学经常保持新鲜感，使学生学会阅读、乐于阅读，变被动阅读为主动阅读。

（二）因材施教原则

每个学生都有着属于自己的个性，学生与学生之间又存在着差异，学生的个体差异直接影响学生的阅读进程。因此，教师应注意满足不同水平学生的特殊需要，力争使每个学生都能相应地发展阅读技能。对于一些阅读成绩不佳，甚至自暴自弃的学生，教师可以先给他们简单的阅读材料，并逐步增加难度，让他们看到自己的点滴进步，还要经常表扬、鼓励他们，帮助他们重新建立起学习的信心。而对于一些基础好的学生，课堂上的阅读常常满足不了他们的阅读欲望，教师应向他们布置一些富有挑战性的阅读任务，以满足其阅读欲望，比如介绍和推荐一些通俗的世界名著等读物。

总之，教师要认真分析学生情况，结合每个学生的特点，在教学中有意识地对不同的学生提出不同的要求，采取不同的方法，真正做到因人而异、因材施教。

（三）速度调节原则

阅读速度和理解能力因人而异。既有阅读速度快、理解能力强的学生，也有阅读速度慢、理解能力差的学生。换句话说，阅读速度的快慢不一定等于理解能力的强弱。

在训练阶段，教师应加强一般阅读技能和语言基础知识的训练，适当控制学生的阅读速度。教师应根据教学的进程设置不同的阅读速度，在最初进行阅读教学时，可以适当放缓阅读速度，侧重对材料进行有效的理解。

当学生词汇量变大，语义、句法知识增加，语感增强和阅读技能提高以后，阅读速度自然会随之加快。这个阶段教师就可以进行相应的限时训练，加强训练的强度，进而完成阅读教学的目标。

速度调节原则的出发点就是要求教师在阅读教学过程中做到张弛有度，根据不同阶段的教学目标做相应的调整。教师切忌一味地追求提高速度，而忽略了学生的理解程度。

（四）层层设问原则

层层设问原则，顾名思义就是教师在阅读教学中提出的问题应该具有层次性，一环扣一环，按照一定的梯度，逐步揭示文章的主题。例如，教师在讲解 *Thomas Edison*（《托马斯·爱迪生》）这篇课文时，可以提出如下问题：

Who was Thomas Edison?

When Thomas Edison was five years old, he sat on some eggs one day, didn't he? Why?

Why did Edison's teacher send him away from school?

How do you think about Thomas Edison? Why?

What can we learn from the text?

通过对上面五个问题的观察我们发现，这五个问题由浅入深、层次分明，学生在回答问题的过程中逐步建立自信、开动脑筋、积极思考、解决问题，并在不知不觉中提高了自己的分析理解能力。

（五）循序渐进原则

学生阅读水平的提高不是一朝一夕的事情，阅读教学目标的完成也不可能一蹴而就，它是一个循序渐进的过程，需要一个合理的总体设计和长远规划。

在材料选择、任务确定、阅读方法及阅读教学的反馈等诸方面，教师都要提前做出全面、细致的考虑，并鼓励学生寻找适合自己的阅读方法，积极引导学生采用适合自己的阅读方法，扎扎实实地学习，最终完成阅读任务，提高阅读水平。

（六）真实性原则

概括来讲，阅读教学的真实性包括以下两个方面的含义：

1.阅读材料的真实性

选择真实材料，即选取由本族语者编写的材料。同时，阅读材料的选择要考虑学生在日常生活中的交际需要，从现实生活中选择文体多样、适合学生的语言水平、为学生所喜闻乐见的阅读材料。

2.阅读目的的真实性

阅读活动都具有一定的目的，但不论是出于何种目的，都要以真实性为基础。人们阅读可能是为了获取信息或者验证自己已有的知识，可能是为了批评作者的思想或者写作的风格，也可能单纯地为了消遣或者打发时间。阅读目的不同也就需要不同的阅读方法。例如，题目中涉及文中人物的钱能否支付一部手机，那么在阅读中我们就要关注有关价格的信息。

三、高职大学英语阅读教学的方法

本部分将阅读教学拆解为三个阶段（阅读前、阅读中和阅读后）来具体介绍它们的教学方法。

（一）阅读前的方法

阅读前的活动主要包括引出主题、提出问题、交代任务等，其目的在于使学生在尽可能短的时间内了解文章的相关信息，激活学生的背景知识，充分调动学生的阅读兴趣，使学生尽快进入文章角色，为进一步的阅读奠定基础。以下是几种阅读前的具体活动。

1.激活背景知识

阅读教学中，使学生了解与文章有关的社会文化背景知识很重要，这不仅可以激发学生阅读文章的兴趣，还可以发散学生的思维。阅读中有效运用背景知识有助于学生对文章的理解，弥补语言知识上的不足，更有助于学生了解英汉两种语言的差异，熟悉英汉语言的表达方式，所有这些背景知识都能帮助学生加深对英语材料的理解。

2.清除词汇障碍

对于学生而言，词汇量不足可以说是造成其阅读困难最重要的因素。因此，教师在阅读训练前有必要采用各种形式如对话、故事、图片等对学生进行词汇灌输，清除学生的词汇障碍，从而更好地帮助学生进行阅读。

此外，教师还可以在课前指导学生进行预习，并布置一些适当的预习题，这样不仅可以使学生明确预习的目标，做到有的放矢，还可以培养学生学习的积极性，同时能为课堂教学的顺利进行做好准备，加快课堂的进度，变相地增加了课堂容量。

3.预测情节

阅读情节的预测对于阅读的顺利完成十分有利。因此，教师可以在课前让学生根据题目或一些关键词，大胆地想象，预测故事的情节，从而激发学生的好奇心，引发学生阅读的积极性。让学生带着对文章情节的预测，通过阅读来验证自己的猜测，这样的活动不仅利于巩固学生已有的知识，还利于学生逻辑推理能力的培养，而且能够很好地帮助学生准确把握文章的主旨。

（二）阅读中的方法

1.略读

略读是一种选择性阅读，用尽可能快的速度大致地粗读全文，获取文章主题大意的快速阅读方法。阅读时只须选读首尾段、每段的首尾句、段落的主题句，抓住阐述主题的主要事实或文章的中心思想即可。在采用这种方法进行阅读时，学生可有意识地略过一些词语、句子，甚至段落，对于一些细节或例子则不需要关注。

略读需要一定的技巧，比如许多文章的第一段都是对全文主要内容的概述，而最后一段多是结论；段落的首句往往是主题句，而末句常常是结论句。掌握这些技巧有利于掌握文章的结构和主旨，更快地找到自己需要的信息。

2.扫读

扫读是从上至下迅速搜索所需内容，而不需要仔细阅读整篇文章。这种寻找文章中特定信息或特定词组的方法，能有效提高阅读的速度和效率。在扫读的过程中，学生可以忽略那些与题目无关的信息，积极寻找那些与题目要求相关的信息。

3.寻找主题句

理解文章的关键是确定文章的主题思想，而要想确定主题思想，首先要确定主题句。主题句往往是文章大意的概括，句子结构较为简单。主题句的位置非常灵活，既可以位于段落的开头、结尾，也可以同时位于段落的开头和结尾，还能位于段落中间，甚至隐含在段落之间。例如：

A port is a place where ships stay when they are not sailing. Ships usually load or unload at a port. So a spaceport is a place where spaceships stay when they are not flying. It has special buildings where the spaceships are kept. It also has supplies needed for space travel.

可以看出，段落的首句（港口是船不航行时停留的地方）并非主题句，而是为主题句的出现做准备的，它引出了主题句："So a spaceport is a place where spaceships stay when they are not flying."（宇航港是宇宙飞船不飞行时停留的地方。）接着又进一步阐述了这一主题。

4.信息转换

阅读教学中常采用信息转换的方式来辅助教学，从而加深印象。常见的转化方式有表格、图画、加小标题、流程图、条形统计图、地图、树形图等。采用这种方式可将文中的形式信息转化为可见信息，对文章的理解十分有利。

5. 推理判断

有时候阅读所需信息并不能直接从文章的字面意思上得出，此时就需要推理判断。推理判断要求学生以理解全文为基础，从文章提供的各个信息出发，对文章逐层进行分析，最后准确地推断出文章的中心思想。

推理判断又可分为直接推理判断和间接推理判断。直接推理判断是学生在理解原文表层意思的同时，依据所提供的信息合理地推断文章的结论。而间接推理判断则较为复杂、含蓄，这种推理方式通常要求学生挖掘文章的深层内涵去推测和揣摩作者的态度及文章的主题等。

（三）阅读后的方法

阅读后的阶段也是阅读教学中一个很重要的环节。它是对所学知识的巩固和运用阶段，旨在练习、巩固和拓展学生在阅读过程中所学的语言知识，为培养和提高说和写的能力打下基础。在这一阶段的教学中，教师应设计一些与课文内容相关的活动，充分发挥学生的主观能动性。常见的活动包括以下四种：

1. 复述

复述是一种具有挑战性的口语练习。复述的前提是学生对阅读材料已经有了一个大致的了解，并消除了生词障碍。在这一过程中，教师可以让学生根据图片和关键词来复述阅读材料的大致内容。

2. 转述

转述主要是针对对话性质的语篇。教师可以引导学生使用第三人称将对话性的语篇转述为描述性的语篇，要引导学生注意时态和人称要随之产生相应的变化。

3. 填空

教师给学生提供文章概要，但要将一些关键信息留出空白让学生填写，并鼓励学生在填写时尽量不要使用原文的词或短语，要尽可能地替换成不同的词和短语。

4.仿写和续写

根据课文内容，教师可以安排学生写文章摘要或者仿照对话写新的对话。如果课文是叙述性的文章，教师可以安排学生续写文章，以扩大学生的想象力，培养学生的发散思维。

第四节　高职英语写作教学

一、高职大学英语写作教学概述

（一）高职大学英语写作教学的目标

《高职高专教育英语课程教学基本要求（试行）》对英语写作教学的目标给出了相应的说明（见表3-4）。

表3–4　高职大学写作能力的分级目标

能力要求	具体描述
A 级	能就一般性题材，在 30 分钟内写出 80 ～ 100 词的命题作文；能填写和模拟套写简短的英语应用文，如填写表格与单证，套写简历、通知、信函等，词句基本正确，无重大语法错误，格式恰当，表达清楚
B 级	能运用所学词汇和语法写出简单的短文；能用英语填写表格，套写便函、简历等，词句基本正确，无重大语法错误，格式基本恰当，表达清楚

（二）高职大学英语写作教学的内容

高职大学英语写作教学的内容主要包括以下三方面。

1.结构

（1）谋篇布局

谋篇布局是写作的必要前提，写作者可以根据写作目的选择适当的扩展模式。一般来讲，篇章结构是：引段—支撑段—结论段。段落结构是：主题句—扩展句—结论句。当然，不同题材、体裁的文章有着不同的布局方式。表3-5就是从段落结构中的各部分内容来对议论文和说明文进行的比较。

表3–5　议论文和说明文的谋篇布局

文体	主题句	扩展句	结论句
议论文	主要用于陈述读者认为正确的观点	以说明的顺序扩展细节阐述原因	重点用来总结或重述论点
说明文	主要用来介绍主题	以时间、重要性等顺序扩展细节说明主题	重述主题、描述细节

（2）完整统一

完整统一要求语篇中的各个部分都与语篇的中心思想有关联，而且各个部分之间也互相有联系。要使一个语篇的表达具有统一性，最主要的是要弄清楚想讲什么，然后将相关信息组织起来，无关的内容一律删除。

（3）和谐连贯

在写作过程中，不仅思路要有逻辑性，段落中句子的顺序也要具有逻辑性。句子与句子想有机地联系在一起，内容需要一环紧扣一环，流畅地展开，使段落成为一个和谐连贯的整体。运用正确的起连接作用的过渡词或词组，可以把句子与句子有机地联系起来，使行文更加流畅，并能引导读者跟着作者的思路去思考问题。英语写作中常见的过渡语包括：表示时间或步骤（after、often、next afterwards、before、finally、first、last、now、second、still、then、when等）、表示并列（and、also、or、likewise等）、表示转折（but、however、nevertheless、while、yet等）、表示让步（although、in spite of、despite等）、表示比较（similarly、equally important、in the same way等）、表示举例或解释（for example、for instance、such as、in other words、that is、in fact等）、表示相反（on the contrary、conversely等）、表示进一步关系（furthermore、moreover、what is more、besides、in addition等）、表示因果（accordingly、as a result、 consequently、as、since、so、thus、because、for、for this reason 等）、表示结果或总结（therefore、as a result、and so、finally、to sum up、in conclusion、in short、in a word 等）的过渡语等。但要指出的是，过渡语不可不用，也不可滥用，过渡语的使用需要确保结构流畅、简洁，避免冗长、累赘的描述。

2. 句式和选词

除了一般句式外，学生还须掌握其他句式的使用，如强调、倒装、省略等。这些句式复杂多变，因而需要学生多加练习。教师可在句式写作教学中采用示范和讨论的方式，增强学生对句式的认知，帮助学生掌握正确的表达方式。

词汇的选择通常与个人的喜好有关，它是个人风格的体现。但由于选词也是作者与读者之间的交流方式之一，所以选词还要考虑语境的因素，比如正式用词与非正式用词的选择、褒义词与贬义词的选择等，此外，还应考虑角色及读者对象的因素。

3. 拼写和符号

拼写和符号属于英语基础知识范畴，它主要考查学生单词的拼写和标点符号的运用正确与否。尽管拼写和符号都是细节方面的问题，但仍不可被英语写作教学所忽视。构思再出色的文章，如果拼写和符号错误较多，就不能称之为一篇好文章。

二、高职大学英语写作教学的原则

（一）以学生为主体的原则

在写作教学的过程中遵循以学生为主体的原则，就是要以学生为中心开展教学活动，充分尊重学生的主体性。但须注意的是，主体参与不等于独立写作，不等于对学生放任自流，而是指学生在写作过程中应该能够全程参与写作提纲的拟定、资料的收集、信息的处理、谋篇布局、初稿的修改与完善等过程。

要使学生成为学习的主体，就要激发学生写作的兴趣，调动学生的积极性，其中小组讨论就是激发学生兴趣、调动学生积极性的一种有效方式。

（二）层进原则

层进原则要求学生应首先从单词、句子的写作抓起，为系统科学的英语写作打下良好基础，并逐步向语篇过渡。词是英语写作的最小单位，并按照一定的规则排列形成句子，人们借助句子相互传递信息、交流思想。当句子按照逻辑相关性的系统排列时，就形成了语篇。

（三）真实性原则

真实性原则要求写作不能脱离学生的实际，要让学生有话想说，并言之有物、言之有理。这就要求，写作应具有真实性，学生为了真实的目的，面对真实的读者，采用符合实际需求的方式去写。

目前国内写作教学的实际现状是，教师和学生普遍只拿写作当作一种练习，为写而写，因而缺乏真实性，不能激发学生的写作兴趣。如果能使学生为真正的读者而写，为真正的目的而写，将写作与学生需求联系起来，则可大大激发学生的写作兴趣。例如，留言条、求职信、个人简历等实用性文体的撰写等，这些与现实生活和未来生活、工作有关的写作能激发学生参与的积极性。

（四）文化对比原则

文化对比原则要求教师和学生应深入了解母语和英语的区别，为写作提供帮助。很多中国学生具备了相当程度的中文写作能力，但在英语写作中并不具备完善的用英语解码和编码的能力，由此导致中文写作能力自动、机械地迁移到英语写作过程中，产生中式英语。只有在英汉对比下，学生才能掌握英汉语言的文化差异，将写作语言变得更加地道，符合英语思维。

（五）综合性原则

英语的听、说、读、写是不可分割的一个整体，综合性原则就是要求英语写作教学要与听力、口语和阅读相结合。写作可以作为听、说和阅读的后续活动，可以作为对听、说和读材料的应用。尤其是在基础教育阶段，在没有专门的写作课程时，与听、说、阅读相结合是写作教学经常采用的教学方式。一堂生动有效的写作课实际上应是听、说、读、写的综合运用。

（六）多样性原则

多样性原则一是指英语教学中的训练形式应多样化。写作教学可以尝试让学生进行缩写、仿写、扩写、改写、情境作文等练习，每种训练方式都有自身的优势，通过多种多样的训练方式可以让学生逐步掌握写作的技巧。

多样性原则还指运用多种多样的表达方式。丰富的表达手段不仅可以有效弥补学生在语言知识上的不足，还可以提高学生灵活运用语言的能力。因此，在写作教学的过程中，教师要鼓励学生采用不同的表达方式，以便写出更加出色的文章。

（七）交际性原则

写作也是一种有效的交际手段，因此写作教学也应体现交际性原则。交际性原则要求写作教学活动满足学生的即时需求，以提高学生的实际交际能力；写作活动必须给学生交际的机会，并且使学生从写作交际中获得乐趣；在写前活动和修改活动中尽可能采用小组活动和同伴活动，增加学生之间的交流，通过小组讨论等交流活动获得大量素材，从而为文章增添内容，锻炼学生的思维。

三、高职大学英语写作教学的方法

（一）选题构思方法

构思贯穿于文章写作的始末，是写作的基础。选题构思常用的手段有自由写作式、五官启发式和思绪成串式等，下文分别进行介绍。

1. 自由写作式

自由写作式构思方式是指在拿到题目以后，在大脑中开始进行思考，任凭思绪扩展，然后将头脑中的各类观点记录下来。记录完毕之后，再返回阅读所记录的内容，从中挑选有用的信息，将无用的信息删除。通过这种方式，思路不会受到任何限制，最终也就完全打开了。

2. 五官启发式

五官启发式主要是从看到的、听到的、闻到的、尝到的、触摸到的方面去思考，搜索与题目相关的一些材料，当然不一定要面面俱到。这种构思方式常常用在描写文中。例如：

视觉：He has a round smiling face. He walks slowly for he enjoys talking while walking. He likes to swing his pen in his hand when he has nothing to do with his hands in class. He often makes faces when he's happy. He does his homework quickly and often helps others and me with math problems. He likes to play ping pong with me.

听觉：He whistles a tune when he is alone. He can talk on and on about computer games. Whenever he understands something, he is always saying: "Oh, I know, I know."

嗅觉：I could smell his feet and sweat in summer. This shows he enjoys sports very much in a way.

触觉：when we play ping pong, I can feel his toughness and strength. And he is quite good at it.

3.思绪成串式

思绪成串式是指将主题写在纸中间的一个圆圈里，想到与主题相关的关键词就写下来，画个圈。这样，很多与主题相关的想法自然而然地就被引了出来，思路在此过程中也逐步打开了。这种方式是开拓思路的一种有效方法。

（二）文章开篇方法

一篇文章通常包括三个部分，即开头、中间和结尾。一篇文章的开头部分是最先被读者看到的，因此开头写得精彩，就会给人留下深刻的印象，在考试中就容易取得高分。文章开篇的方法有许多种，下文将介绍五种常见的方法。

1.开门见山

开门见山指在文章的开始就提出看法，突出文章的主题。这种方法又称事实陈述法或现象陈述法。例如：

As food is to the body, so is learning to the mind. Our bodies grow and muscles develop with the intake of adequate nutritious food. Likewise, we should keep learning day by day to maintain our keen mental power and expand our intellectual capacity. Constant learning supplies us with inexhaustible fuel for driving us to sharpen our power of reasoning, analysis, and judgment.Learning incessantly is the surest way to keep pace with the times in the information age, and reliable warrant of success in times of uncertainty.

本文以As…is to…, so is…to…的经典句型引出主题，行文流畅，首尾呼应。

2.下定义

下定义这种方法是为了帮助读者理解，给出必要的解释说明。在科普文章中，下定义是必不可少的一种写作手法。例如：

Automation refers to the introduction of electronic control and automation operation of productive machinery. It reduces the human factors, mental and physical, in production, and is designed to make possible the manufacture of more goods with fewer workers. The development of automation in American industry has been called the "Second Industrial Revolution".

上面这段文字介绍了automation和Second Industrial Revolution两个概念，分别由refers to和been called引出。

3.描写导入

描写导入就是通过描写背景逐步导入正文。描写的内容主要有人物描写、物体描写、场景描写等。下面就是一篇以人物面部描写导入的例子：

My aunt has a face full of character. The hair on top of her head is silver gray and falls gently over her wrinkled forehead.Her eyebrows are also gray. Under these are her marvelous eyes. They are blue and shine as brightly as they did on the day she was born.Her cheeks are wrinkled, but they are also rosy. Her nose is a bit crooked. Under her nose is her mouth, which always seems to have sweet smile on it.Her chin is also wrinkled and has a prominent scar in the middle.All in all, her face is one which has always brought me great comfort.

4.以故事引入

以故事引入就是文章开头以故事引入，这种方法能有效地激发读者的阅读兴趣。例如：

Most of us may have such experiences：when you go to some place far away from the city where you live and think you know nobody there，you are surprised to find that you run into one of your old classmates on the street，perhaps both of you would cry out： "What a small world!"

5，提问式导入

这种开篇方式也是为了吸引读者的注意力，以提问的方式统领全篇。例如：

"Is money all powerful？" If someone asks me such a question，my answer is always the same：No.Money is by no means all powerful.

（三）段落展开方法

1.按时间展开

这种方法就是按事件发生的顺序来写，常用于记叙一件事情。例如：

A friend in need is a friend in deed.

After lunch，while the other girls were sunbathing, Pat and I returned to the water.Soon cramps spread from my stomach to my legs. Immobilized by pain and fear, I yelled for help. My friend thought I was joking: so she ignored me. However, Sister Theresa came to my rescue when she noticed my plight. She pulled me out of the water and administered resuscitation. When regaining consciousness, I realized how close I had come to death. My experience with near death reminds me everyday how close we all are to death in our daily lives.

在上述文章中，作者用了after lunch、while、soon、when等时间连接语记叙了一件午饭后的事情。

2.按空间展开

这种段落展开方式常用于描述一个地方或景物，按照一定的空间方位顺序来描写。例如：

One of the most interesting places to visit in Singapore is the bird park. It's located in the industrial area of Singapore, called Jurong. The bird park is about twelve kilometers from the center of the city, and ifs easy to get by bus or taxi.

It's one of the largest bird parks in the world. The birds are kept in large cages, and there are hundreds of beautiful birds from many different parts of the world, including penguins, parrots, eagles, and ostriches. There's a large lake in the park, with a restaurant beside it. There's also a very large cage. You can walk into it to get a closer look at the birds.

3.按过程展开

按过程展开就是按照事情发展的经过、顺序进行逐项说明。一般是按照事物发生的先后顺序来进行的。例如：

To build a campfire, you should follow several steps. First collect a good supply of wood, both small branches and larger logs. Second, twist newspaper into small knots. Third, make a pile on the ground of several paper knots. Fourth, cover this pile with a few small branches. Fifth, place larger logs over the branches from the different directions. Finally, strike a match and ignite the paper at the bottom of the campfire, lighting it in several places. If you do so, you will be rewarded with a roaring blaze.

（四）文章衔接方法

好文章不仅内容完整，结构也要连贯，结构的紧凑连贯是决定文章好坏的一个重要因素。结构上的紧凑连贯要求文章的各个部分应该围绕主题句有机地结合起来，段落结构应该条理清晰，层次分明，衔接自然。结构的连贯性有利于读者跟上文章的思路，了解文章的大意。

运用一些衔接手段，可以使文章更加连贯。这些衔接手段包括以下五种：

1. 保持名词和代词中人称和数量的一致；保持动词时态的一致。

2. 使用过渡词语。使用过渡词语能很好地承上启下，把句子有机地连接起来，使文章段落内部环环相扣，从而推动段落中心意思顺利地向前发展。

3. 使用平行结构。使用平行结构的句子可以使段落大意得到充分的发挥。

4. 使用代词。使用代词来代替上文提到过的人或事，从而使句子互相照应，互相衔接。

5. 重复关键词语。重复关键词语可以使句子之间紧密衔接，从而使段落一浪高一浪地向前发展。

（五）文章结尾方法

1. 总结式

总结式结尾就是在文章结尾处对全文进行总结，以揭示主题。例如：

A cartoon combines art and humor. When it is skillfully done, a simple line drawing and a few words can make people laugh. Their troubles seem less important, and they enjoy life more fully.

2. 建议式

建议式的结尾是针对文中讨论的现象或问题，提出解决问题的途径、方法或呼吁人们采取相应的行动。例如：

College athletics plays such a vital role that it deserves close attention and persistent effort.It is suggested that physical training should be regarded as a required course wedged into college curricula, however crowded it maybe, and that a fair share of college budget should be, devoted to athletic programs. We sincerely hope that this suggestion will be a commitment that all colleges and universities will take up.

Stereotypes such as the helpless homemaker, harried executive and dotty grandparents are insulting enough to begin with.Placed in magazine ads or television commercials, they become even more insulting. Now these unfortunate characters are not just being laughed at; they are being turned into hucksters to sell products to an unsuspecting public. Consumers should boycott companies whose advertisement continues to use such stereotypes.

3.重申主题式

重申主题式这种结尾方式主要是强调文章的中心思想。例如：

Let’s say it again, it all begins with the instrument, your voice.If its sound and quality is flawed and needs improvement, that’s where you start, that’s what everyone hears whether in casual conversation or in making a major speech to a large audience. Pure vowel sounds, articulation, proper breathing, expressive speaking patterns, a plcasing vocal range, naturalness, all these will make you get twice the result with half the effort.

4.展望式

展望式这种方法主要表达对将来的展望和期待，有助于增强文章的感染力。例如：

I am sure that Chinese will become one of the most important languages in the world in the next century. As China will open further to the outside world the language is sure to be spread world widely.

（六）文章修改方法

完成了初稿只是完成了写作的一部分，并不代表写作的结束。写完初稿后，还要仔细阅读并进行修改，把多余的删除，补上缺少的，改正错的。一般来讲，文章的修改通常从以下三个方面入手：

1.主题方面

对于主题方面的问题，最重要的就是要看表现的主题是否完整统一，然后看文章内容是否与标题相符，文章是否合乎逻辑，主题句是否清楚，语气是否一致，时态是否恰当等。发现相关的问题时，应及时修改。

2.段落方面

段落方面的检查主要是看段落材料是否充分，段落组织是否合理，段落之间是否连贯，过渡词的使用是否恰当。

3.语法方面

学生作文中最常见的问题就是语法问题，因而在这一方面要尤为重视。为了避免出现语法方面的问题，学生在完成一篇作文后要通读一遍，在阅读过程中要重点检查有无病句，句子表达是否合乎语法，拼写是否正确，标点符号运用是否正确，等等。

第五节　高职英语翻译教学

一、高职大学英语翻译教学概述

（一）高职大学英语翻译教学的目标

1.大纲规定目标

根据《高职高专教育英语课程教学基本要求（试行）》的教学要求，英语翻译教学目标主要涉及以下两个方面：

A级：能借助词典将中等难度的一般题材的文字材料和对外交往中的一般业务文字材料译成汉语。理解正确，译文达意，格式恰当。在翻译生词不超过总词数5%的实用文字材料时，笔译速度每小时250个英语词。

B级：能借助词典将中等偏下难度的一般题材的文字材料译成汉语。理解正确，译文达意。

2.具体教学目标

（1）培养学生语言分析与运用的能力

翻译的工作对象是语言，工作目的是符合预期目的和交流任务的语际意义对应转换，这就要求译者首先要倾注全力在语言分析上下足功夫，其中包括语义分析、语法结构分析和语段分析；在结构和成分分析的基础上正确把握语言的内容与形式，能做到操控自如。可以说，翻译教学一切计划、措施、课目设置和教学环节及进程安排，都应当不失培养能力的宗旨，而且首先是语言分析和操控能力。

（2）培养学生的双语思维能力

我国学生一直生长在汉语的环境中，因此习惯用汉语的思维来思考问题，但翻译要求人们同时用英语和汉语的思维来考虑问题，因此英语翻译教学要培养学生双语转换思维的能力，这也就成了翻译教学的重要目标之一。此外，要想顺利地进行翻译，还离不开一定的翻译技巧和方法，英语翻译教学的另一重要目标就是使学生掌握尽量多的翻译技巧和方法。

（3）培养学生的文化辨析和表现能力

语言与文化相连，尤其是意义与文化密切相关。语义分析不能脱离文化参照。很多情况下，语义辨析涉及文化诠释，已经超出了单纯的语义辨析范围，文化参照成了决定语义的根本依据。而且语言的文化色彩遍及词语层、短语层、句子层及语段层；语音、文字、文体、风格等各个功能层也都有必须析出文化意义的问题。这一切有赖于译者的辨析能力。

（4）提高学生的双语表达能力

除了要培养学生的翻译技能外，提高学生的双语理解和表达的能力也是十分重要的。因为翻译涉及的是双语交际的活动，交际活动中使用的语言，其含义有时是字典中提供的含义所不能涵盖的，因此这就需要在翻译前后进行充分的准备，也就使得不断丰富学生的百科知识，增强学生的理解和表达能力成了英语翻译教学的目标。

（5）培养学生的审美判断和表现能力

伴随语言文化分析的是审美判断。其实，翻译中的审美判断不限于文艺文体，任何文体都有一个用词、用句是否适当、得体、有效的考量，这就是审美。高层次的审美任务更为复杂，更有待于系统的能力培养。审美判断能力源于审美经验，绝非生而有之，关键在于培养。

（二）高职大学英语翻译教学的内容

1. 翻译基础理论

学习翻译基础理论能够帮助学生从宏观上把握和决定组织译文的思路。组织译文的思路正确了，即使有一些小的错误，学生再改动起来也比较方便。如果思路不正确，整个译文就要推翻，重新组织。

2. 翻译技巧

翻译技巧就是为了保持译文的通顺，在内容大致不变的前提下，对原文的表现方式和表现角度进行改写的方法。常用的翻译技巧有调整语序、转换词性、正译与反译、增补与省略、主动与被动、句子语用功能的再现等。

3. 英汉语言对比

英汉语言对比不仅要在语言层面的语义、词法、句法、文体篇章上进行比较，掌握其异同，还要对文化层面、思维层面进行英汉对比，以便在传译过程中完整、准确、恰当地传达出原文的信息。

4. 翻译实践

翻译实践就是讲授如何更好地翻译，特别是如何在翻译理论的指导下进行翻译。因此，如何科学、合理地构筑翻译学的理论体系，并尽快将其运用到翻译教学中，也是翻译学研究的重要课题之一。

二、高职大学英语翻译教学的原则

（一）以学生为中心原则

对于翻译学习者而言，学习翻译就是如何通过学习这一过程成为翻译工作者的过程。从这个角度来说，学习者学习翻译是通过从实践中积累经验建构自己的专业知识的过程，教师在其中发挥的是指导与协调的作用。因此，翻译教学必须充分考虑学习者的主观能动性、创造性和互动性，充分协调学习者、翻译教学和市场需求之间的关系，力求培养出学活、用活知识结构，并能顺应、满足社会需求的高素质的翻译人才。这就要求翻译教学不仅要提倡学生在课堂上扮演主角，而且还要鼓励学生通过实践最终发现探求知识的规律和奥秘。这对教师的教学提出了更高的要求，具体来说，以学生为中心原则需要做到以下四点：

1.转变教师角色

在翻译教学中，教师要以学生的需要为翻译教学的方向，训练学生建立口笔译需要的知识系统和双语思维能力，授之以“渔”，而不是授之以“鱼”。教师不是学生获取知识的唯一源泉，教师的作用是帮助学生学会学习，学会解决学习过程中遇到的问题。教师是一个协调者，而不是知识的唯一传授者，这也是时代发展对翻译教学提出的要求——培养高质量的、有能力的翻译工作者。

2.培养学生的创造性与发散思维

翻译活动具有一切实践活动所具有的创造性，因此对于统一文本，特别是文学文体的语篇，不应要求学生的理解和翻译与教师的或参考译文一模一样。要善于鼓励学生追求自己的风格，不要“千人一面，千人一腔”，从而限制他们的思维。

3.培养学生的团结协作精神

信息时代的发展和翻译活动的复杂性等因素使得翻译活动有时不能由一个人单独完成，而越来越成为相互合作的工作。因此，培养学生的团结协作精神很重要。在翻译教学中，教师可以选用一些长文章，分成几个部分，让一组的学生每人做一部分，但最后出来的完整文本在术语、专有名词、风格体例方面应该看起来是协调一致的。在这个过程中，学生就不能自顾自地进行翻译，必须和组里的其他成员协商和讨论，以达到翻译要求。这样做有利于培养学生的团结协作精神、协调能力和共同解决问题的能力。

4.灵活安排教学活动

（1）有效利用生活环境

随着国际交往的不断深入，在许多大城市和风景名胜区都有外语（主要是英汉）的公示语、景点介绍等。让学生在这些地方去体会英汉语的不同表达，对培养他们的英汉对比能力很有帮助。此外，有不少公示语和景点介绍存在很多问题，教师可以适时地让学生进行纠错练习。

（2）课内外相互配合

翻译是一项实践活动，翻译教学的任何阶段都不可忽视实践环节，翻译课程安排应以实践活动为主。但是，如果没有正确的理论指导，实践活动也就不能有效地进行。为了解决课堂时间有限和学生不太愿意太多地听教师讲解的问题，教师可以让学生自己阅读理论。开列阅读书单是一个很好的办法，例如，教师可以开出翻译简史、翻译理论与技巧、中英语言与文化对比等方面书籍的书单，让学生在一定的时间内自学，课堂抽查或做读书报告等，使他们学会用普遍的原理来解决实际问题，在教师的指导下，再将实际问题与理论融会贯通。

（3）利用网络和媒体

网络和报纸、电视、收音机等媒体可以为学生提供丰富多彩且即时的源语文本材料和目标语平行文本材料，教师可以通过让学生在网络和媒体上寻找平行文本的方法，培养其解决翻译过程中遇到的表达问题的能力。同时，也可以让学生通过博客或邮件将自己的翻译练习进行“发表”，发给教师和其他同学，教师和其他同学可以提出反馈意见，以增强师生互动和生生互动，营造更好的学习氛围。

（4）开设讲座

学校和教师可以请有实践经验的翻译专家“现身说法”，传授经验。课外开设专家讲座，一是可以让学生有学习的榜样；二是学生可以学习好的工作方法和经验；三是学生可以借此了解翻译的前沿信息和实际情况，向做一个合格的译者的方向努力。

（二）循序渐进原则

翻译活动应当本着由浅入深、循序渐进的规律开展，所选的语篇练习应该是先易后难。从题材来看，应该从学生最了解的入手；从篇章的内容来看，应该是从学生最熟悉的开始；从原文语言本身来看，应该是从浅显一点的渐渐到难一些的。这样由浅入深，学生学习起来才会有信心，并逐渐培养起对翻译的兴趣与热爱。例如，从语言的角度讲，外语专业高年级的学生已完成语言基础学习任务，按理说语言运用能力是比较强的，但是刚开始学翻译的时候，对源语的理解和对译语的表达往往会显得捉襟见肘。如果一开始语言太难，必然会成为他们理解和传译的障碍，也会影响他们继续学下去的兴趣。

（三）精讲多练原则

精讲多练原则具有两个方面的含义，即精讲和多练。首先，翻译教学是一项技能教学，如果技能教学只是流于先灌输后练习，在教学中就很难取得好的效果，学生会觉得枯燥无味。技能的传授应该与学生的练习紧密结合起来，并且要在练习的基础上进行总结、提炼。在练习之前，教师可以针对练习材料的内容举例，简单介绍一些相关技巧，再让学生做练习。此外，学生做过的练习经教师批改之后，教师一定要对练习进行讲评。这种讲评不是点评式的，而是在系统分析原文的基础上，整理出里面的知识点，针对学生练习中出现的问题进行总结，上升到理论层面。这样，技能才能真正为学生所掌握，技能训练才落到了实处。教师的讲评绝对不是简单地将参考译文发给学生，而要去启发和引导学生思考与总结。教师在选择练习材料的时候，要有所考虑和侧重。选材的过程是一个艰辛的过程，这需要教师有从事翻译的实际经验，能从纷繁复杂的材料中挑选出适合学生练习的材料，并且要能凸显几个问题。

其次，翻译技能的提高是在实践中一点点实现的，这就要求学生必须进行一定量的练习，并在练习中去感受、去思考，去想办法解决问题。只有通过不断实践、思考和总结，再实践、再思考和再总结，学生分析问题和解决问题的能力才会不断提高，翻译能力和水平也才会不断提高。因此，对学生翻译过程的关注，帮助、启发、训练和鼓励他们解决理解、表达和审校过程中遇到的具体问题就是翻译教学的重点。这样培养出来的学生才会有学习能力和创造能力，为他们今后进入社会、走上工作岗位、独立解决翻译过程中遇到的问题打下良好的基础。

（四）翻译速度与质量相结合原则

翻译教学的目的是培养学生的翻译能力，这种能力不仅包括技巧的掌握、译文质量的保证，还包括较快的翻译速度。因为在实际翻译活动中，常常会有催稿很急的情况发生，如果学生的翻译速度太慢，可能完不成翻译任务。因此，在翻译教学过程中，培养学生提高翻译速度是一个不可忽视的任务。

具体来说，教师在边讲边练的过程中，可以经常做课堂限时练习，比如英译汉练习的量可以先从每小时200个左右英文单词开始，以后逐渐增加到每小时250 ~ 300个英文单词甚至更多；英译汉可以从每小时150个汉字开始练，让学生在有限的时间内学会有效地安排时间，逐渐提高翻译的速度。除了课堂限时练习之外，课后练习也可以让学生自己尽量在规定的时间内完成练习任务。这样，久而久之，经过不断训练，笔译的速度便会逐渐提高，速度意识也会逐渐加强。

（五）培养翻译能力与翻译批评能力相结合原则

教师在培养学生翻译能力的同时，还要注意提高学生的翻译批评能力。批评能力是指要对别人的译作进行客观的评价，既要点评优点，也要批评缺点，还可以对错误的地方进行修正。这样做有利于学生学习他人的长处，并反思自己的错误，避免以后再犯。学生既然能够对别人的译作进行翻译批评，也就能对自己译作的优劣心知肚明了。

（六）注重实践原则

如前所述，实践性是翻译教学的一个重要特征。因此，在条件允许的情况下，学校和教师应该为学生提供机会，让学生到社会上，例如到翻译公司参与实际的翻译，体验一下实际的翻译过程。这一方面会为学生的学习增添动力，促进他们学习积极性的提高；另一方面还可以为学生走入社会、适应社会做一些认识上的准备，有利于他们毕业后更快地融入社会。总之，翻译教学绝不仅仅是技能培养课，它是一个融知识、技能、学习能力、人格塑造于一体的周密体系，这个体系绝不是封闭的，而是实践性很强的课程体系。

（七）注重文化原则

外语学习其本身就是一种跨文化交际活动，翻译学习更是如此，它要求学生必须了解不同语言国家的政治体制、经济模式、思维习惯、生活方式、风土人情、表达习惯等。所以，在翻译教学中，教师要时刻谨记这一原则，并将学生置于跨文化交际的语境之下，重点培养学生的跨文化信息转换能力，使学生切实感受到只顾语言的对应，不考虑不同国家之间的文化差异是难以达到交际目的的。

三、高职大学英语翻译教学的方法

（一）语境法

语境也就是言语环境，包括言语的宏观环境和微观环境。宏观语境是话题、场合、对象等，它使意义固定化、确切化。微观语境是词的含义搭配和语义组合，它使意义定位在特定的义项上。在翻译过程中，既要考虑宏观语境，又要考虑微观语境，两者相互结合才能确定话语意思。在翻译的过程中，译者除了利用自己的语言知识获取句子本身的意义之外，还必须根据原文语境中提供的各种信息进行思辨、推理，找出原作者的意图，以形成自己对原文意义的认知心理图示，在此基础上确定相应的译文形式，准确表达原义。

可见，翻译中的理解和表达都是在具体的语境中进行的，语义的确定、选词造句、篇章结构及语体形式均离不开语境。因此，语境构成了正确翻译的基础，可以说语境在翻译中起着至关重要的作用。教师在指导学生翻译实践时，要求学生在充分理解原文的同时，还应该紧扣语境，并且对译文反复琢磨，使得译语表达能够密切联系语境，准确传神达意。

（二）图式法

图式简单来说就是人的头脑中关于外部世界信息的组织形式，是人们赖以认识和理解周围事物的基础。人在同世界的交往过程中认识周围的人、物体、各种事件和各种情境，就在大脑中形成了不同的模式。这样的认知模式是围绕不同的事物和情境形成的有序的知识系统。而图式就是这些知识的片段，它以相对独立的形式保存在人的大脑记忆中，对言语的理解其实就是激活大脑中相应的知识片段的过程。如果面对的新信息在我们大脑中没有现存的相类似的图式，就会对理解产生负面影响。

在具体的翻译过程中，教师可以给学生提供一些需要激活图式才能正确理解的语言材料，然后根据这些材料进行翻译。应用图式策略时，有时学生所拥有的认知图式并不一定都是对事物的正确反映，或者都已经完善，相反翻译中常常出现图式应用错误的情况，尤其是文字表达比较含蓄的时候。因此，在教学中教师既要帮助学生记忆语言形式及其功能，又要帮助他们调动相关图式，正确运用技巧弥补在字面上没有表达的意义，还要帮助他们修正或充实对事物的认知图式。

（三）推理法

推理是从已知的或假设的事实中引出结论，它经常参与许多其他的认知活动，是一种独立的思维活动。推理是文本结构的内在特征，不是译者凭借想象所做出的随意行为。译者在翻译时采用推理策略可以增加信息，把握事物之间的联系，促进言语的理解。当人们在看到要翻译的文本时，往往会根据已有的知识经验做出一系列推理，这些推理为译者提供了额外的信息，把文本中的所有内容都联系起来，使译者能充分理解每一个句子。因此，在大学英语翻译教学中，教师要有意识地给学生介绍一些常用的推理技巧，如根据逻辑指示词进行推理、从作者的暗示及上下文线索进行推理、从文本的整体结构进行推理、利用文本中的解释和定义对某些词句进行推理等。此外，这些推理理解技巧一定要和正确地识别语言结构内容紧密结合起来，否则这种推理就成了脱离文本的主观猜测。

（四）猜词法

概念能力是指在理解原文过程中对语言文字的零星信息升华为概念的能力，是原文材料的感知输入转化为最佳理解的全部过程。学生的概念能力在翻译中起重要作用。一个学生在词汇贫乏时，对词句、段落形不成概念或对关键词在原文中的含义不甚理解的情况下，得不到文字信息的反馈，就会陷入对内容的胡乱猜测。所以教师在翻译教学中要适当运用猜词策略。

翻译中的猜词方法包含以下五种：

1.利用信号词猜测生词词义。所谓信号词，就是在上下文中起着纽带作用的词语。这些词语对猜测生词词义有时能起很大的作用。

2.根据词的构成猜测生词词义。这是比较常用的一种方法，它要求学生掌握一定的构词法知识，特别是词根、前缀、后缀的意义。

3.根据意义上的联系猜测词义。句子的词语或上下文之间在意义上常常有一定的联系，根据这种联系可以猜测词义。

4.结合实例猜测生词词义。有时，在下文中给出的例子会对上文中提到的事物加以解释，此时可以结合例子中常用词猜测所要证明的生词词义；反之，也可以猜测例子中的生词含义。

5.通过换用词语推测生词词义。在文本中常会出现使用不同的词语表达同一种意思及难易词语交换使用的现象，据此可猜测生词词义。

（五）技巧法

教师在翻译教学中不仅要采取有效的教学方法，还要在翻译技巧上给予学生相应的指导。下文将主要讨论在翻译过程中常用的一些技巧。

1.直译法

直译就是在符合译文语言规范的基础上，在不引起错误联想和误解的情况下，直接进行翻译的一种方法。这一方法不仅能保持原文的形似，还原原文的内容，还能很好地展现原文的形象和地方色彩。例如：

（1）Work banishes those three great evils: boredom, vice, and poverty.

译文：工作撵跑三个魔鬼：无聊、堕落和贫穷。

（2）Failure is the mother of success.

译文：失败是成功之母。

2.意译法

意译法是相对于直译法而言的，它是指根据原文的大意来翻译，不做逐字逐句的翻译。意译主要在原语与译语体现巨大文化差异的情况下得以应用。从跨文化语言交际和文化交流的角度来看，意译强调的是译语文化体系和原语文化体系的相对独立性。意译要求译文能正确表达原文的内容，但可以不拘泥于原文的形式。具体来说，在以下两种情况下可以使用意译法：

（1）英汉两种语言中有些表达形式虽然相似，但意义不同，如果直译容易造成误解，宜采用意译法。例如：

Our pianist had fallen ill, and then, at the eleventh hour, when we thought we'd have to cancel the performance, Jill offered to replace him.

译文：我们的钢琴演奏者病倒了，在最后关头，当我们以为不得不取消表演时，吉尔表示愿意代替他演出。

（2）当原文表达具有鲜明的民族和地方色彩，其具体形象或含义无法为译入语读者所理解时，可以采用意译，如习语、成语及典故的翻译。例如：

I can't get a job because I haven't got anywhere to live, but I can't afford a place to live until I get a job—if's a catch—22 situation.

译文：我没有住所就找不到工作，但是没有工作就没钱租房子，这真是左右为难。

3.分译法

分译法是指为了使译文的行文合乎译入语的表达习惯而将原文中个别的词、词组或句子分解开来单独译出。分译法有三种情况：词的分译、短语的分译及句子的分译。

（1）词的分译

词的分译是指原文中的某个词中集合了两个以上的语义成分，由于在译入语中找不到一个对应的词来完整地表达其全部内涵，从而将其词义进行分解，再按译入语的表达习惯分别译出。例如：

The maidservant inspected the dressing-table for dust with her hand.

译文：女仆用手抹抹梳妆台，看看有没有灰尘。

（2）短语的分译

短语的分译分为短语词义的分译和短语结构的分译。其中，短语结构的分译又包括名词短语的分译、分词短语的分译和介词短语的分译。例如：

She arrived in London at a ripe moment internationally.

译文：她来到伦敦，就国际形势来说，时机正合适。

（3）句子的分译

句子的分译多指长句的分译，即把一个由多个成分盘根错节地组合而成的长句分译成若干个较短的句子，使表达尽量符合译入语的行文习惯和译入语读者的审美情趣。有时，如果将英语长句原封不动地照翻过来，会违背汉语的行文规范，使译文显得冗长乏味，有时甚至令人感到费解，不知所云。此时，往往需要进行分译。例如：

The real challenge is how to create systems with many components that can work together and change, merging the physical world with the digital world.

译文：我们所面临的真正挑战是如何建立这样一个系统，它们虽由很多成分组成，但可互相兼容，交换使用，从而把物质世界与数字世界融为一体。

4.反译法

由于英汉两种语言表达否定意义时在形式上存在差异，因此翻译时有必要采用反译法。所谓反译，就是指将原文的肯定形式译成否定形式或者把否定形式译成肯定形式，反译的目的是在保持原文内容不变的情况下，使译文的表述尽量符合译入语读者的思维习惯。反译法包括两个方向的互相转变：一是正话反说，即把肯定形式译成否定形式；二是反话正说，即把否定形式译成肯定形式。

（1）正话反说

由于英汉两种语言和思维方式之间的差异，英语中由肯定形式表达的句子在汉语中找不到与之对应的表达形式，因此翻译时有时要转换成否定形式，才符合汉语的表达习惯；反之则反是。例如：

I was more annoyed rather than worried.

译文：我与其说是着急，不如说是恼火。

（2）反话正说

英语中有些否定形式，翻译成汉语时也找不到与之对应的表达形式，只有在把它转换成肯定形式后才符合汉语的思维习惯。例如：

Sunlight is no less necessary than fresh air to a healthy condition of body.

译文：阳光和新鲜空气一样对身体的健康是必要的。

5. 释义法

释义是指舍弃原文中的具体形象，直接解释出原文的意思。当原文中的某个词语在译入语中无法找到与之相对应的词语，而运用其他译法又无法准确翻译时，便可考虑放弃原文的表面形式而尝试释义法。

运用释义法是为了使译文在风格上保持前后一致，避免机械翻译该词在译文中所产生的格格不入感和突兀感。采用释义法进行翻译时，尤其要注意两点：一是释义要准确，要有根有据，不能胡乱解释；二是应保持译文行文简洁，不能把译文搞得拖沓臃肿。例如：

Clearly a tug of war over key policies continues between the pragmatic and ideological camps.

译文：不言而喻，注重务实的和强调意识形态的两大营垒还会在重大政策上争吵不休。

上述句子中的tug of war本意为“拔河”，此处指“双方势均力敌，争吵不休”，如果采用直译“拔河”显然不妥，因此采用释义法。

6. 套译法

严格来说，套译也可视为意译的一种。英汉两种语言用不同的形式表达相同或相近的含义时，可以按照译入语的表达习惯进行套用或套译，以便于译文读者接受。例如：

（1）Where there’s smoke there’s fire.

译文：无风不起浪。

（2）One boy is a boy, two boys half a boy, three boys no boy.

译文：一个和尚挑水吃，两个和尚抬水吃，三个和尚没水吃。

此外，不同的文化背景下，人们可能用不同的动物形象来表达相同或相近的比喻意义。这时也可以使用套译法。例如：

gild/paint the lily 画蛇添足

love me, love my dog 爱屋及乌

let the cat out of the bag 露出马脚

as close as an oyster 守口如瓶

又如，在西方国家，狮子被认为是动物之首，代表权力、尊严和高贵；而在中国，老虎则是动物之王。在中国，“牛”是一种强壮而普遍使用的动物，也是农民田间工作的好帮手；而在英国，“马”则扮演着相同或相似的角色。需要指出的是，套译法的使用范围非常有限，只有当我们对不同国家的习语都非常了解的时候才能够灵活自如地加以运用。

7.英汉同义法

在古老文明的汉语文化中，有一些在意义上、形象上、表意形式上与英语谚语相同或基本相同的汉语谚语。这是因为，各民族之间通过文化交流，一些外来语被汉语吸收和消化，使之成为汉语语言的一部分；还可能由于人们在社会生活、劳动实践中对同一事物或现象所产生的相同感受和理解，反映到谚语中便出现了英汉谚语中的“巧合”现象。此时就可以采用英汉同义这种方法进行翻译。英汉同义法要求译者不仅能准确地理解原文的意思，还要有较深厚的文学功底，掌握一定数量的中、英文谚语，并能熟练地运用这些谚语。例如：

burn one’s boats 破釜沉舟

add fuel to the flames/pour oil on the flames 火上浇油

go through fire and water 赴汤蹈火

great minds think alike 英雄所见略同

strike while the iron is hot 趁热打铁

综上所述，在日常的翻译教学中，教师只有不断寻找更好的英语翻译教学策略与技巧，并对学生进行有步骤、有计划的引导，才能使他们迅速吸收和掌握知识及方法，提高翻译水平。

8.综合法

所谓综合法，其实是直译和意译的结合，即兼用直译和意译。实际上，直译和意译总是同时出现在译文中，其目的是更好地表达原文的思想和风格。例如：

John was upsetting the other children, so I showed him the door.

译文：约翰一直在扰乱别的孩子，我就把他撵了出去。

这是在一个句子中同时兼顾直译法和意译法处理的译例。前一部分为直译，后一部分为意译。如果将后者so I showed her the door直译为“我把他带到门口”或“我把门指引给他”，都不能准确地达原意。

第四章　高职英语教学常用方法

自17世纪现代英语诞生以来，有关英语教学法的研究就从来没有停止过。如今，英语教学法正逐渐向多元、综合的方向发展。具体探讨高职英语教学中常用的教学方法，对于教师灵活选用教学手段、提高教学效果很有帮助。因此，本章我们先讨论教学方法的定义与框架，然后具体介绍几种高职英语教学中经常使用的教学方法。

第一节　高职英语教学中文化教学方法

一、文化因素在高职英语教学中的重要性

（一）文化因素在英语教学中的作用

1.文化因素可以激发学生的学习兴趣

学习英语必须具有一定的学习动机，而动机又来自学习兴趣。对于这个问题，古今中外的教育家都有过不少精辟的论述。但是，中国传统的英语教学对此似乎还缺乏深度的认识和实践。这种现象不仅表现在教学中，也表现在教材中。心理语言学的基础理论告诉人们，兴趣是最好的教师，是学生学习活动的内驱力。西方文化的异域风情能唤起学生的好奇心、激发学生的学习热情。值得一提的是，文化因素不仅有利于培养学生内在的学习兴趣，激发学生的学习热情，而且也有助于调动教师授课的兴趣和积极性。由于教学活动不再仅仅停留在词形变化、遣词造句、语法结构等纯语言知识范畴，而是与教授语言中的文化背景知识同步进行，这就使教学内容和形式由原来的枯燥、单调转向生动和丰富，从而激发起教师教书的积极性和创造性。

2.文化因素可以优化学生的知识结构

众所周知，文化因素通常是指所学语言本身向学生传授文化知识的，学生

可以通过语言获取所学语言国的人文、地理、历史、政治、经济、教育、文化、社会制度、生活方式、风土人情、社会传统、民族风俗、言语礼节及民族心理、伦理道德、行为规范、传统观念等一系列知识，从而使学生的知识结构发生“优化”。因此，文化教学能起到优化学生知识结构的作用。

3. 文化因素可以优化学生的能力结构

给英语教学移入诸如语构、认知、语用等交际文化知识，以及身势语言、社交礼仪、交际环境、交际方法、交际态度等方面的非语言文化知识，这无疑能有效促进学生跨文化交际能力的生成。尤其是语用文化因素的移入，使学生在解决说什么的问题后进一步提升其语言的实际运用能力，防止和克服“社交语用失误”，即“因不了解谈话双方文化背景差异而影响语言形式选择的失误”，有效解决怎么说、怎样说更得体的问题。此外，文化因素还可以解决话语行为的准确度问题，并对交际模式的选择、话语结构的优化、个人言语行为能力的提高等，也都有直接的影响作用。这方面的例子不胜枚举，如英语中最常用的Please一词的使用场合问题就是一例。人们往往认为Please的意思就是相对于汉语里的“请”。但英语中让别人先进门或先上车时，就不说Please，一般说After you；在餐桌上请人吃饭、吃菜、喝酒或请人吸烟时，一般也不用Please，而用Help yourself to something。

4. 文化因素可以提高学生的社会文化能力

社会文化能力是知识背景的深层次结构，也是透过语言的外表进而对语言所反映的内容的综合理解能力，因此，它属于背景知识的范畴。在英语教学实践中经常有学生这样说：我的听力不好，我的阅读能力差，我记不住单词等。实际上，一个人能否听懂一段英语对话，读懂一篇英语文章和有效地记住所学的英语单词，并不完全取决于学生的听、读及记忆的能力和技巧。在这些能力和技巧之外，有一个十分关键的因素——社会文化能力或文化理解能力问题。显然，文化因素的教学恰恰是以培养文化理解力即社会文化能力为出发点和归结点的。从另一个角度讲，英语教学的目的是培养学生的跨文化交际能力，而文化理解能力本身就是一种交际能力。所以，培养文化理解能力亦即培养跨文化交际能力，前者是后者必备的基础和条件。

（二）英语文化教学的内容

英语文化教学的内容大致包括三个方面，即言语文化、非言语交际和交际文化。这既适用于研究不同语言的文化，也适用于同一文化不同层面的研究。在教学过程中，要有针对性地将两种不同文化进行对比研究，这样做可以让学生的认识更加深刻、理解更加透彻。

1. 言语文化

社会语言学家把言语当作社会行为，而且认为它集中反映交际双方的社会地位，集中反映出交际双方的“权势”或“平等”关系。“权势”和“平等”关系是各种不同文化中的一种普遍现象，每一种文化或社会都有其独特的方式来表示这两种不同的社会关系。有些社会可能侧重“权势”关系，有些社会则可能会侧重于“平等”关系，而有些社会可能兼而有之。当然，中国社会中的言语在一定程度上是“权势”关系的标志，在美国社会中言语在很大程度上是“平等”关系的标志，并不意味着中国人不用言语来表示“平等”关系，也并不意味着美国人不用言语来标志“权势”关系，这种比较只是相对的。据文化相对论的观点，文化差异是普遍存在的，而且某一特定文化的标准、态度、规范、信仰等只能在自己的文化中按其特定条件加以理解；也就是说，不能用不同文化的标准、态度、规范、信仰来描述某一种特定的文化。根据这一理论，普遍的文化信仰或文化价值观是不存在的。当然，并不绝对否定普遍性的社会语言规则或言语使用规则的存在，只是在跨文化交际研究中，应把社会语言规则的差异放在首位。

2. 非言语文化

非言语交际既包括手势、表情等，还包括不同文化对时间、空间、色彩的不同看法，以及在听觉、嗅觉、视觉、触觉等感官方面的不同感知特点。与非言语交际有关的文化也是英语文化教学应该涉及的内容之一。一种文化的传播不仅靠言语行为，有时非言语行为也是传递文化信息、表达思想感情的常用手段。非言语行为包括言语行为之外的一切由交际者和交际环境所产生的刺激，这些刺激对于交际参与者都具有潜在的信息价值或意义，一旦这些刺激被对方感知就产生了交际意义。非言语行为包括说话时的语调、语气、语速、音量、身姿、手势、表情、服饰、体距（交谈时的身体距离）等。这些非言语行为都可用来作为交流信息、传递思想、表达感情的手段，在交际过程中扮演了十分重要的角色，有效地辅助了言语行为的实施，有时甚至具有“此时无声胜有声”的效应。非言语行为具有鲜明的文化特征，不同国家、民族对非言语行为的社会规范区别很大，甚至表示的意义正好相反。因此，非言语行为在跨文化交际中的作用就特别显著，对对方的文化风俗不熟悉或不了解，在编码、译码过程中处理不好，就会导致交际障碍，甚至引起国家和民族之间的冲突。非言语交际涉及文化、民俗、社会学、人类学等许多领域，运用范围广泛，其语义也很复杂。

3.交际文化

交际文化主要包括称谓、问候与告别、道谢与答谢、恭维与赞美、委婉语等方面。下面介绍其中的两个。

（1）称谓

在中国，人们习惯使用称呼语来表示“权势”关系，主要表现在“头衔”和“敬辞”的使用方面。尽管世界上许多文化中的人们都使用尊称、谦称或敬语，但中国社会中这方面的运用尤其突出和独特。不论口语和书面语，礼貌称谓必不可少，而且称谓之中必须反映各自的社会身份。汉语中的称呼自成体系，“他称”和“对称”范畴表达形式最富于变化，而“自称”方式也种类繁多，别具一格。而在西方社会中，人们在称呼对方时常常是直呼其名，以此来表示说话人试图建立“平等”关系的愿望。英语中不分职务、职业和年龄的称谓语有Sir、Madam、Lady、Mr、Mrs、Miss、Ms.等。以Sir（先生、阁下）和Madam为例，Sir和Madam（夫人、女士、太太、小姐）是一组对应的敬称语，它们泛称社会上的男女人士，一般不与姓氏连用，它们表达的人际关系不亲密。Lady是另一个用于女士的称谓语。

（2）问候与告别

问候语是交际双方见面时打招呼使用的程式化语言。各种文化有自身的一套问候语系统，主要功能是通过相互问候来联络感情，维系人际关系。中国人的问候一般很具体，英美人的问候不那么具体，他们不会问对方“吃了吗？”“到哪里去？”等问题。他们一般只是简单地说“Hello”“Hi”“How are you doing”。对于这种问候，问的人不会太在意对方回答的内容，答的人也不用绞尽脑汁想怎么回答。教师要提醒学生注意各个民族之间问候习惯的不同，在进行语言交际时，避免误会。

英语国家的人结束交谈或访问告辞时所提出的理由总是自己因故而不得不告别，终止交谈或访问不是出于本人的意愿，而是因为其他的安排而不得已为之，因此总要提出不得不离开的理由，并表示歉意，如“I'm afraid I have to go”。此外，英语国家的人道别时主要是对双方接触的评价，以表达愉快相会的心情。

例如：

It’s really nice to see you again.

Thank you very much, I had a wonderful time with you.

I’m very happy to talk with you.

汉语的告别语显然比英语的告别语更为复杂，这主要是社会文化的差异所致。比如东西方不同文化背景的客人在别人家做客，在丰盛的聚餐结束后，告别时所用的礼貌语方面存在着惊人区别，西方人会说：

Thank you so much for a wonderful evening.

而中国人会说：

实在抱歉，给您添了不少麻烦。

（I am sorry, 1 have given you so much trouble.）

西方人使用感谢语来道别，而东方人则使用道歉语来道别。仅此一例就可见东西方礼貌行为差异之大。

二、高职英语文化教学的原则

（一）相关性原则

相关性原则就是传授的英语文化知识要与教材内容相关。英语教学中的文化教学应该和教材内容相关，讲解或介绍必须围绕教学内容展开，运用相关的跨文化语言材料对学生进行职业文化的渗透。文化教学不能与语言知识的学习和语言技能的培养相脱节，要把语言教学和文化教学有机地糅合在一起。

现在几乎所有的英语教材都选用原文材料，其中大部分内容既是语言知识学习的蓝本，又可作为极好的介绍英美文化的素材。如果把两者的学习很好结合起来，不但不会冲淡或影响学生基本语言技能的训练，反而会使他们对课文中的语言知识和文化背景有更深一层的理解和掌握。中英两种文化的差异体现在很多方面，学生不可能在一节课、几节课的时间内解决全部问题，也不可能在一个课时里讲解全部的文化差异性。教材内容包含或涉及两种文化某一个方面的差异时，把这一方面两种文化的不同特点介绍给学生，不可扯得太远；否则，会给语言知识的传授带来影响。

（二）阶段性原则

阶段性原则是指文化教学的内容应该根据学生的语言水平和接受能力，充分考虑到学生的认知能力和年龄特点，遵循由浅入深、由简到繁、由现象到本质这样一条主线，循序渐进对文化内容进行逐步的扩展和深化。英语教学在起始阶段应与学生身边的日常生活密切相关并能激发学生学习英语的兴趣。在英语学习的较高阶段性，教师要通过扩大学生接触异国文化的范围，帮助学生拓宽视野，使他们提高对中外文化异同的敏感性和鉴别能力，进而提高跨文化交际能力。

（三）适度性原则

适度性原则是指教师在进行文化教学的时候，要注意教学的内容和教学的方法，要适合学生的语言水平和认知能力。文化教学的内容应考虑到该文化项目的代表性问题，对于主流的文化，有广泛代表性的文化，就应该详细讲解，举一反三。对于非主流的文化就要尽量少讲，避免带给学生不良的影响。教师还应正确处理好文化内容的历史性和共时性的关系，重点应在共时文化上，同时适时引入一些历史的内容，以便学生理解某些文化传统和风俗的来龙去脉。教学方法的适度，就是要协调好教师讲解和学生自学的关系。教师讲解的文化内容是有选择的、有限的，因此，英语教师应该成为学生课外文化内容学习的组织者和指导者，鼓励学生进行大量的课外阅读和实践，增加文化知识的积累。

（四）整合性原则

把文化纳入语言教学的框架，从单纯的语言教学向文化知识倾斜，使两者从分走向合，这是以语言教学的整体目标为依据的。教师必须把语言和文化当作一个整体看待，整体性原则就是从宏观着眼，从微观入手，做到纵横结合、点面结合，这样更加有利于学生对英语语言知识和英语文化知识的学习。

多媒体教学技术的发展丰富了学习的手段，英语教师应适当利用多媒体技术来整合英语文化教学。教师要为学生提供学习文化内容的渠道，满足学生对文化学习内容层次和风格的需求。

（五）开放性原则

开放性原则就是教师不能把英语文化教学仅仅局限于课堂上。由于文化广泛而复杂的内涵及外延，想在有限的英语课堂教学里完整地进行英语文化教学是不现实的。因此，在英语文化教学中，教师要充分利用第二课堂进行文化教学，培养学生的跨文化交际意识和能力，力图提高学生对中西文化差异的敏感性和适应性。

第二课堂活动主要包括组织学生观看英文原版电影、开设英语角、收听英语广播、鼓励学生大量阅读英语文化相关的书籍、报纸和杂志，留心积累有关文化背景方面的知识；还可主动与外籍教师交谈；举办专题文化讲座等。通过这种课外的延展活动，可以使学生逐步深入了解英语国家各方面的文化知识，例如，文学、教育、政治、艺术、哲学、风俗习惯等。通过丰富多彩的第二课堂活动，也能激发学生对于英语学习的兴趣。①

三、高职英语文化教学的方法

（一）提问

提问是文化教学的基本方法之一。文化教学可以简单概括为提出关于在特定文化中谁在什么地点、什么时间做什么、如何做、为什么做的问题。采用提问的方法进行文化教学的优点是：体现了以学生为中心的原则，提高了学生的参与度；可以培养学生自己探索和发现文化特点的能力；把文化学习与语言表达训练结合起来；简单易行，容易操作，适合各种课堂和内容的教学。文化教学中的提问应该涉及文化的产品、风俗、观念和跨文化差异。比如，教师设计一些问题，包括对文化产品、风俗和观念的探讨，也包括对风俗和观念的比较。学生通过问答和互动，不仅了解了风俗的特点，也对自己国家文化进行了思考，而且通过回答问题也提高了英语表达能力，实现了语言学习和文化学习的结合。

（二）词语联想

词语联想是词汇文化教学的一种方法。词语不仅具有概念意义，还具有内涵意义，而词语联想的方法可以让学生看到词汇内涵意义在不同文化中的差别。词语联想这一方法的优点是：可以让学生了解到词语的文化内涵，并了解词语内涵意义的文化差异；加深对于词语的理解和记忆，扩大词汇量。

词语联想的教学步骤是：把具有丰富文化内涵或者文化差异较大的词语写在黑

① 顾瑛．浅谈高职公共英语文化教学的原则 [J]. 佳木斯教育学院学报，2014（1）：317,320.

板上；让学生尽量多地想出与这个词语相关的词语；教师解释该词语在英语中的内涵意义是什么，包括褒贬色彩、象征意义及常用搭配等；把外国人会联想到的词语与学生们联想的词语做比较，使学生了解该词语含义的文化差异。不同文化的学生可能联想到不同的词语，借此可以了解这些词语在外语中的特定文化内涵。

（三）角色扮演

角色扮演是英语文化教学的重要方法，也是课堂交际活动的常见形式。使用角色扮演方法来学习文化的优点是：便于学生理解语言使用与语境之间的关系，提高言语行为的得体性；帮助学生理解语言使用规则与文化的密切关系，理解语言使用背后的文化含义；提高学生在真实环境中的交际能力；体现了语言形式、功能和文化的有机结合。

在英语教学中，角色扮演的活动可以包括以下的教学步骤：学习相关的语言表达方式；教师提供语言使用的具体情境；学生分组表演，实施言语行为；各组在全班表演，教师指出在外国文化环境中哪些是得体、礼貌的行为；师生讨论在不同文化中类似情境是如何表现的。

（四）文化比较

英语教学是跨文化的教学，课堂提供了进行文化比较和跨文化互动的机会与平台。文化比较的方法在语言文化学习中占有中心的地位。文化比较作为文化教学的方法或活动，有以下的优点：通过比较可以加深学生对于不同语言和文化特征的理解；可以提高学生的跨文化意识和文化敏感度；可以培养学生对于不同文化行为和观念的宽容态度；可以增强学生对语言和文化学习的动机与兴趣。文化比较是大多数外国留学生都比较喜欢的课堂活动。

文化比较的内容范围很广，可以是词语含义的比较、语用表达和规则的比较，也可以是文化风俗和观念的比较。另外，文化比较的范围不局限于英语文化与学生自己文化的比较，也可以是学生之间不同文化的比较。让来自不同文化背景的学习者表达自己的看法或者叙述自己国家的风俗，都是在进行跨文化的对话和交流。教师的任务是为他们提供表达自己看法的机会，提供跨文化互动和交流的平台。文化比较往往是其他文化教学活动的一部分，如在角色扮演、小组任务案例分析等活动之后都可以进行跨文化的比较。

（五）小组任务

小组任务是语言课堂的交际活动之一，也是任务教学法的主要方式。在文化教学中，使用小组任务形式的优点是：活动以意义为中心，具有真实交际的特点；话题的讨论与语言形式的使用相结合，体现了语言教学与文化教学的融合；提高了学生使用语言进行互动和协商的频率和质量；小组活动可以降低学生的焦虑情绪，增强学生学习语言和文化的动机与兴趣。

小组任务形式多样，包括采访、交流看法、解决问题、问卷调查、辩论等。影响小组任务能否成功完成的因素主要有两点：一是教师需要制作供学生使用的任务单，把任务具体化；二是要列出学生完成任务所需要使用的词语和表达方式。

（六）观察与采访

观察与采访是人类学提倡的文化学习方法之一。对于在目的语环境中学习语言文化的学生来说，观察与采访是对学习很有帮助的文化活动。观察与采访的优点是：所获得的文化信息比较真实可信，可以帮助学生从局内人的角度来把握英语文化的特点；为学生提供了与当地人交往的机会，可以让学生锻炼用英语进行真实交际的能力；有助于培养学生对不同文化的积极态度，避免其对不同文化过度概括和刻板的印象；训练学生听、说、读、写的综合能力，是文化教学与语言教学的结合。

观察与采访的内容很广泛，可以包括观察和采访目的语文化的人们在家庭婚姻、交友、消费、高考、就业、留学、环境保护、衣食住行等方面的行为和观念。需要注意的是，课外的观察与采访需要同课堂的讨论和概括结合起来。

观察与采访这一学习方法的主要环节包括：教师在课上布置观察与采访的具体任务和要求，任务单要具有可操作性；学生在观察、采访中记笔记或者录音并做文字整理；学生在课堂上汇报和交流观察与采访的情况；全班对观察、采访的结果进行概括和比较，找出英语文化的一些特点。

四、高职英语教学中跨文化交际能力的培养

（一）英语教学与学生跨文化交际能力培养

对于跨文化交际学的研究不仅有助于人们预见和解决现实生活交际中出现

的诸多问题，增强人们对世界各国文化的了解，同时也可以拓宽语言研究的社会面，将语言研究和跨文化研究有机地结合起来，这不仅在理论上有必要，而且对于英语教学实践有实际意义。对这门学科的深入研究，不仅可以提供探讨语言交际的新的理论依据与角度，而且也可以使英语教学的内容得以充实与丰富。跨文化交际与英语教学密不可分，这是因为英语教学不仅传授语言知识，还培养学生的交际能力，尤其是灵活有效地运用外语进行跨文化交际的能力。因此，从这个意义出发，将英语教学看作跨文化教育的一环更加恰当。随着改革开放的深入，我国迅速地走向世界，社会对高职毕业生的英语实际运用能力提出了更高的要求。但是在这些方面，我们的教育却明显滞后。原因有两方面：一方面在于普遍的应试教育带来的负面影响；另一方面在于传统的英语教育观还深深地束缚着教师的手脚。目前我国英语教学中存在的问题概括起来有三个方面。首先，把学习语法和词汇当作英语学习的全部。这样教育出来的学生不但发送信息的能力很差，而且获取信息的能力也很差，综合交际能力低下。其次，学习方法陈旧。受传统汉语学习的影响，学生的注意力往往集中在词、句的理解上，而较少注意篇章；往往重视信息的接收，却忽略信息的发送。最后，虽然学生的综合语言能力较强，但是跨文化理解能力差，缺乏社会技能。语言失误很容易得到对方的谅解，而语用失误、文化的误解往往会导致摩擦发生，甚至交际失败。

（二）英语教学中学生跨文化交际能力提高的方法

1.采用对比法，介绍不同背景知识

各个民族由于地域、生态环境、政治制度、历史背景、风俗习惯、价值观行为模式的不同，其文化特征也不一样。只有通过对比才能发现本国文化与英语文化之间的异同，从而获得一种跨文化交际的文化敏感性，加深对中外文化的理解，提高文化意识。教师可以在课堂上引入相关典故风俗，介绍风土人情，捕捉中西方背景知识的不同点，让学生通过对比来了解双方文化的差异，加深对英语国家文化的认识，从而养成得体的语言习惯。具体内容包括：①体态语对比，即对比中国人与英语国家人喜怒哀乐时的手势与表情、交谈时的体距及体态语表意的异同；②中外称谓语、问候语和告别语的差异；③中国人与英美人对称赞时的不同反应；④中外家庭成员之间称呼习俗的差别；⑤英美人在行为举止、待人接物等方面与中国人的异同；⑥中国人与英美人思维与观念的差异。用对比法可提高学生对中西方文化背景知识差异的敏感度，使学生学到的外语更地道。

2.窄式阅读法

克拉申的“窄式阅读法”理论是有利于文化理解的阅读方法，其内涵为集中阅读同一话题的多篇文章，通过阅读理解文本中那些显性和隐性的文化信息，提高文化意识。[①]克拉申认为，这种阅读总体上说是窄式输入。它对于第二语言的学习非常有效，可以集中提供某一专题的文化内容及其背景知识，使学生可以在较短的时间内熟悉某一文化专题的词汇、题材、风格及文化内容。这种方法有利于学生对英语国家文化背景知识进行全面的整体把握，拓宽知识面，开阔眼界。

3.营造文化氛围，体验异国文化

英语教师的任务是给学生创造和提供真实的、逼真的语言交际环境及情境，并创造性地运用语言的机会，从而使学生在语言使用过程中自由表达他们的思想情感。结合教学内容让学生改编对话进行表演，使学生身临其境地感受语言和文化，同时注意其中有意义的文化细节，提高学生对文化的敏感性和意识。其中包括问候、致谢、称呼等习语和委婉语、禁忌语的得体运用。

高职英语教学的课时也非常有限，学生不能仅依靠教师在课堂上的教学来培养跨文化交际能力，还必须充分利用课外时间广泛阅读英语文学作品、报纸杂志和时事评论等材料，从中汲取文化知识，增强文化素养，拓宽西方文化视野，提高跨文化交际能力。

具体到跨文化交际能力培养的实践操作上，大家认同文化教学与语言教学有机结合的方法。

（1）运用文学作品分析进行文化教学

文学作品分析是语言教学的一个常见手段。中国很多英语教学活动都是通过分析语篇进行的。文学作品蕴含着丰富的文化内容，语言形式经典，因此，在文学作品分析过程中同时进行语言教学和文化教学是必要的，也是可能实现的。传统的语言教学也有文化内容的讲解，只是教师并没有将其列入教学目标。在教学中，教师应将二者结合起来。

（2）词汇教学与文化教学的结合

任何语言的词汇都承载着丰富的文化信息，每个词所包含的文化内涵是词典都无法穷尽的。词汇及词汇的使用具有浓厚的文化特点，教师在进行词汇教学

① 王方清.基于窄式阅读的英语读写教学实践[J].英语教师，2019.19（15）：57-60.

时就必须介绍该词的文化内涵，尤其要呈现出词汇在真实文化语境中具体使用的情况。在目前的英语教学中，教师通常只是给学生解释从词典上抄来的解释，很少能将其中深刻的文化意义传达给学生。学生对于枯燥的词汇学习被动接受，无法做到在真实的交际环境中运用。在词汇的教学中，教师除了将词汇的本义、内涵全面介绍给学生，还应该多设置一些真实的文化语境进行操练，使记忆词汇转变为词汇使用。例如，学生在学习描写人物的形容词时，可以选择一些真实的历史人物或学习者感兴趣的人物，让学习者进行描述，这样不仅掌握了词汇的含义，还有机会了解它们的内涵；不仅使词汇学习生动有趣，而且将文化学习落到实处。

（3）阅读教学与文化教学的结合

阅读教学被认为是最容易与文化教学相联系的教学活动之一，只要人们选择包含文化内容的阅读材料就可以实现语言教学和文化教学的有机结合。但是目前很多教师还不能很好地利用阅读教学的优势进行文化教学，或受传统的语言教学方式影响，教师在阅读教学中重视学生的阅读速度、理解力、语法词汇、句型，却忽略了篇章中蕴含的文化信息。

要真正实现阅读教学和文化教学的有机结合，必须在确定教学目标和教学内容时考虑文化教学的需要。在实际教学中，教师可以通过设计阅读前和阅读后的任务将学习者的注意力吸引到篇章的内容上，进行相关的讨论和学习。

（4）听说教学与文化教学的结合

听说活动使学习者有机会切实感受跨文化交际过程，提高交际能力。就文化教学而言，人们要选取真实的、能够反映英语文化或本族文化的听说材料。在编写这类听说教材时也要注意考虑学习者的语言水平和语言学习的需要，包含的文化内容要将语言学习的需要与文化教学的需要结合起来，使学习者系统地学习文化知识，增强文化能力。跨文化英语听说教学应该充分利用多媒体教学手段，这不仅有利于提高学习者进行语言交际的积极性，而且有利于满足跨文化交际能力培养的需要。听说教学将跨文化交际的真实情境形象地呈现给学习者，有利于学习者提高跨文化交际能力。

（5）写作教学与文化教学的结合

写作教学通常贯穿于英语学习的各个阶段。不同阶段写作的体裁、内容和要求都各不相同，但是都可以将其与文化教学结合起来。初学者可以通过所学的词汇和语法知识讲述自己的经历，表达自己的思想，从而巩固所学的语言知识，学生完成作文后，教师可以一方面指出作文中的语言使用错误，另一方面就文章的内容进行讨论和比较。

随着跨文化英语教学思想的不断深入，教师会有更多更好的方法。教师要转变教学观念，真正做到语言教学和文化教学有机结合，既要促进学习者英语交际能力的提高，又要培养他们的人文素质，只有这样，跨文化交际能力才能得到提高。

4. 教学中导入文化背景知识

语言是文化的载体。通过学习一门外语，学生可以了解异国的文化与社会，有利于在将来的多元化社会中学会理解他人、尊重他人。语言又是文化的写照，不仅反映文化的形态，而且语言结构部分或全部地决定人们对世界的看法。语言和文化是密不可分的，人们用语言来记录和评价客观事物，语言的应用无不受到文化体系的影响和制约。因此，要掌握两种语言，必须掌握两种文化。学生只有跨越英语国家的文化障碍，才能做到交际的得体与妥当；提高语言语用能力，才能从真正意义上实施素质教育。反之，学生会因语义、语用及思维习惯和文化习惯的差异在交际中出现失误与不得体。在英语教学中，文化是指所学语言国家的历史地理、风土人情、传统习惯、生活方式、文学艺术、行为规范、价值观念等。学生接触和了解英语国家文化有益于对英语的理解和应用，有益于加深对本国文化的理解和认识，有益于培养世界意识。在教学中，教师应根据学生的年龄特点和认知能力，逐步扩展文化知识的内容和范围，使学生了解英语国家文化及中外文化的异同；英语教学中涉及的英语国家文化知识，应与学生身边的日常生活密切相关，并能激发学生学习英语的兴趣。教师要通过扩大学生接触异国文化的范围，帮助学生拓宽视野，有利于提高对中外文化异同的敏感性和鉴别能力，进而提高他们的跨文化交际能力。

5. 语言教师的素质提高和角色转换

教师是教育的执行者，教育教学能力是衡量教师能力素质的最主要因素。他们的专业发展在很大程度上决定教育教学质量，决定学科的长远发展，决定学生的发展程度。重视英语教师自身的专业发展，将成为“研究型”教师作为自身努力的方向。在我国目前的教学体系中，英语教学多半只在课堂上进行，教师起着绝对的主导作用。教师只把重点放在语法和词汇的教学上，学生就不可能学会语言的实际运用，也无法获得跨文化交际的能力。因此，授课教师必须转变自己的观念，切实认识到文化冲突的危害性和培养学生跨文化交际能力的重要性，不断加强自身理论及文化素养，努力将自己从课堂的主导者、机械的知识传授者转变为学生学习活动的辅助者、指导者。

实现跨文化交际是高职英语教学的根本目的。全面提高英语教学的效率和质量，提高学生的英语语用能力，是中国教育面临的重要任务。教师在英语教学中导入跨文化的内容，有利于学生打开眼界，拓展思路，提高学生的综合素质，使其得到一定的艺术修养和中外文化精髓的熏陶，具备一种新的文化意识；有利于提高学生的实践能力和创新能力，减少语用错误。教师需要正确认识跨文化交际教育在英语教育中的重要地位，提高跨文化文际教学在当前教学中的地位和认识，并在课堂教学及课外辅导中全面反映出来，为培养具有跨文化交际素质的人才而不断努力。

当今世界各国交往日益密切，了解各国的文化已经成为重要的教学内容，跨文化交际文化教学越来越受到大家的关注。文化教学就是通过比较不同文化间的相同点和不同点，对文化进行解读，增强不同文化间的理解与沟通，培养学生具有包容不同语言、文化、思想、行为的意识和进行有效沟通的能力。

第二节　高职英语教学中互动式教学方法

一、互动式教学解读

“教学”是教师把知识、技能、传授给学生的过程。不难看出，教学既有教师的“教”也有学生的“学”，二者缺一不可。因此，教学实质是师生、生生间的多边互动。再者，“互”的汉字结构好比两只手握在一起，“互”在汉字字义里也包含着双方的意义。也就是说，互动至少有两方，单方不构成互动。因此，“互动”二字更加强调教学过程是一个动态发展着的教师的“教”与学生的“学”和谐统一的活动过程。互动式教学就是在所创设的一定情境下，师生之间通过平等、尊重、和谐地对话、沟通，各种观点相互碰撞，进而激发师生双方的主动学习和探索的内驱力，从而提高教学效果的过程。

（一）互动式教学的类别

互动式教学分为理论教学和案例教学两类：理论教学重在启发学生的理论思维，训练学生的概括能力和抽象思维能力；案例教学重在锻炼学生的应用能力，加深学生对知识的掌握程度，提高学生分析和解决问题的能力。

1.理论教学

理论教学可以分为“猜书”模式、“知识讨论”模式、“批判”模式。

“猜书”模式——引导学生自己“写课本”。人类大部分的新知识其实是利用已有知识解决新问题的结果。在给具有一定基础的学生教授较为简单的知识时，教师可以通过启发和引导，让学生根据自己的理解对教材所提出的概念或教材得出的结论进行“猜测”，以活跃课堂气氛，加深学生对已有知识的印象，并锻炼学生的思维能力。在学生完成“猜测”后，教师引导学生将“猜测”的结果与书本上的概念或结论进行比较，并让学生自己找出两者的差异，这比“满堂灌”更能加深学生对知识的理解和记忆。

“知识讨论”模式——多问问“为什么”。这一方法主要应用于两类知识点，即学生较难理解的知识点和难以通过过去所学推导出来的知识点。这两类知识点难以在很短的课堂时间里通过思考而得出一个确切的结论，例如，通行的约定、法律等。对于这两类知识点，如果教师强行采用“猜书”模式，就比较容易出现大部分学生无法跟上进度的现象。教师可以先将相关的知识传授给学生，再问学生教材为什么会采用这样的论述。

在“知识讨论”模式下，教师通过发问的方式，引导学生思考和争论，营造善于倾听、勇于表达的课堂氛围，创造展示学生个人能力和魅力的开放平台，帮助学生增强表达自己观点的勇气，激发学生的创造力，让学生在思维的碰撞中获得提升。“知识讨论”模式有利于充分调动学生的积极性，让学生通过课堂讨论进一步深化对知识的理解，同时，也给教师提供了一个非常好的评估学生水平、了解学生思想动态的机会。在大学课堂教学实践中，有些学生会从跨学科的角度，或他们特殊的生活经验的角度出发，阐述对问题的理解，这实际上也给大学教师一个积累案例素材、提高自身业务能力的机会。

“批判”模式——鼓励学生对教学现状进行反思。随着时代的发展和人类知识的更新，教材观点变陈旧的速度加快，有的知识点出现了不能适用的现象，有的知识点则被彻底否定了。“批判”模式最重要的特点，就是在教学过程中不是让学生死记已有的结论并认为那是天经地义的“公理”，而是把已有的结论作为发展新知识的起点，或者肯定它，或者批判它，甚至于否定它。

对教材的批判过程实际上是雕玉的过程。所谓的雕玉，是学生将主要原料——石头（或碎片化的知识），在教师的引导下，通过个人或集体的力量，将它雕琢为“玉”，也就是获得新知、解决实际问题的过程。在批判式学习的过程中，教师在课堂上根据教学的内容，首先提出一个课本上的概念或结论，然后再提出一个相关或相反的现象或例子，使学生在学习理论知识时结合自己的独立思考，在讨论中逐步获得新知并掌握新的方法。最终帮助学生通过系统的学习和仔细的思考，形成自己的理论框架和独特视角，并在相应的理论文章或研究总结中加以体现。这种教育方式把知识传授、能力培养和素质训练较好地结合在了一起，对培养学生的批判性思维大有裨益。

2.案例教学

案例教学，是指根据教学内容把现实中的问题带进教室，师生双方通过相互讨论和分析，以提高学生分析和解决问题的能力为目标的教学方式。案例教学法在不同的国家、不同的学校和不同的学科中影响持续扩大，其教学方法也在不断更新。与理论教学相比，案例教学更能让学生在讨论和思想碰撞中获得更多的沟通、谈判和团队合作能力。

理想的案例教学模式要求教学双方在上课前做好充分的计划和准备。上课前，学生需要花很长时间独立研究将会在课堂上进行讨论的案例，并根据教材的提示寻找案例中所涉及的各种数据，然后在研究小组内充分讨论，以形成初步的研究结果。上课时，在教师的引导下，各个研究小组应当展示他们的研究成果，并针对存在争议的观点进行讨论，以进一步推动学生对这部分知识点进行总体思考。经过讨论后，学生一般会对某些现实问题形成自己的观点，并形成某种解决方案。但对教师而言，提供确定的解决方案并不是案例教学的主要目标，有效地引导学生对复杂因素的理解和掌握并采用适当的方法来分析和评估问题，才是案例教学的重中之重。

（二）开展互动式教学的意义

开展互动式教学，是提升学生学习兴趣、减少厌学现象的重要手段。传统的教学模式造成了教师与学生身份的对立，扩大了教师和学生之间的鸿沟，增加了学生上课时的压力。这种模式压抑了学生的表达欲，抑制了学生的创新意识，学生不能在课堂学习中获得成就感，因此，学习积极性遭受打击，厌学现象频发。为了防止学生逃课，教师只好通过点名、惩罚等手段将学生“绑”在课堂上，这进一步降低了学生的学习兴趣，学生就会对课堂产生疏离感，导致恶性循环。在互动式教学模式下，教师与学生的关系从单向的灌输关系变为“双向二元式”的交流关系，这有效地缓解了教师与学生的对立，给学生一种被尊重的感觉。教师在课堂上还能通过平时成绩奖励等手段进一步激发学生的学习主动性和学习热情。

互动式教学的开展，是提高学生社会交往技能、促进学生全面发展的重要方式。在相互合作、相互讨论的互动式教学环境下，学生的思维活跃，无形中提升了学生的创造能力和沟通交往能力。更重要的是，互动式教学有助于学生减少隔阂和孤独感，发展良好的人际关系，增强其自信心。

互动式教学的开展，是培养未来社会所需的创新人才的必然要求。随着社会的发展，社会对能够创造性地应用知识并创造新知识的人才需求越来越多。以识记为主的传统教育模式过于强调教师的讲授和知识灌输，培养的学生往往难以理论联系实际。不仅如此，没有使用过的知识很容易被遗忘，这导致了教育资源的极大浪费。互动式教学的开展，能充分调动学生的学习积极性，提升学生解决问题的能力，为培养我国急需的创新型人才打下坚实的基础。

互动式教学是教师提升专业水平、锻炼个人能力的最佳途径。教师为了在课堂上尽可能地吸引学生的注意力，提高学生的学习兴趣，调动学生的学习积极性，获得学生的钦佩，必然需要认真钻研、精心备课，准备丰富的素材。教师需要认真考虑如何才能既通俗易懂地将知识传授给学生，又让学生有参与的积极性。因此，互动式教学的组织，不仅要求教师有渊博的知识，更要具备组织、管理、协调整个教学过程的能力。对于教师来说，这是教学上的鞭策与督促。教师在组织互动式教学的过程中锻炼了个人能力。

互动式教学是改善师生关系、营造和谐课堂气氛的利器。在传统教学方式下，学生比较容易显得疲倦或者腻烦，课堂上开小差者较多；而学生对课堂的消极反应也会反过来作用于教师的情绪，不利于教师最佳讲课水平的发挥。互动式教学则加强了教师与学生的沟通，气氛变得活跃，拉近了师生间的距离，有利于教学效果的进一步提升。

互动式教学的开展，是学生对高质量教育需求增加的必然要求。当代学生与以往学生最大的不同在于，他们获取信息的渠道更多，可以从各种网站中获取丰富的学习资料。在学习资源众多的情况下，课堂教学仅仅成为学生获取知识的途径之一，教师只有比其他的知识获取途径更能吸引学生的注意力，方能提高学生对课堂教学的认可。因此，学生对高质量课堂教学的需求在不断增加，也对教师教学提出了更大的挑战，生动活泼的互动式教学势在必行。

二、互动式英语教学实施的原则

（一）普遍性原则

创新精神和实践能力的培养要面向全体学生，体现其普遍性原则。创新潜能不是少数尖子生独具的，每个学生都具有创新的潜能，关键在于教育的开发。因此，教师应善于发掘蕴藏在学生身上的创造潜能，并将期待的目光投向每个学生。

（二）差异性原则

创新精神和实践能力的培养必须充分考虑到个体间发展的差异，应针对不同层次学生的具体情况，制定不同的学习目标、学习内容和方法。学生的创新与成人的创新活动是有区别的，其创造的价值更多地表现在学习过程中，教师应主要促使他们通过自主探究去获得成功的体验。因此，教师在组织学生开展创新实践活动时，一定要从他们思维的实际发展水平、知识基础和生活经验出发，目标不要过高，内容不要太难，不可将“苛求”当成“严格要求”。

（三）活动性原则

教师要注重通过开展各种活动，如动手操作、实践探索、调查研究等来培养学生的创新精神和实践能力。在学习过程中，基础知识和间接经验的学习是十分必要的，但问题探究的过程远比直接获得结论更重要。“在黑暗中摸索”要比“等待火炬引路”更有益，奋发进取要比坐享其成更可贵。

（四）激励性原则

在创新精神和实践能力的培养过程中，教师应注重运用激励性评价的策略激发学生的兴趣、好奇心、求知欲和想象力，并要全力支持他们质疑问难，绝不能置之不理，横加干涉，甚至一味地指责。要使激励性评价真正成为“培养创造精神的力量”。

三、互动式英语教学实施的程序

当前，一些高职的英语教学模式不适应大学人才培养的基本要求，出现了一系列弊端。因此，大学英语教学必须破除以讲授为主线，培养知识型人才为取向的传统教学模式，走出一条以培养学生英语应用能力和高素质为目标的新路。建构大学英语互动教学模式，加强师生间、生生间的互动合作，使学生在轻松愉快的学习情境中，获取知识，提高能力，并培养其积极的情感态度，实现其全面可持续发展，为培养社会需要的具有英语应用能力的高素质技术应用型人才做贡献。

每一种教学模式都有其特定的操作程序或逻辑步骤，它明确了在教学活动中，师生先做什么、后做什么，以及在各个步骤应完成的任务。大学英语互动教学模式力求打破以讲授为主的传统教学模式，适应大学生的特点，突出互动，使学生在丰富多彩、形式多样的互动活动中，获得英语语言知识和应用能力，培养合作交往能力和积极的情感态度，构建营造语境—自主学习—合作学习—点评归纳—课外拓展的教学程序。

（一）营造语境

在传统教学模式中，为了充分利用课堂时间，教师往往开堂就讲，而大学生英语水平整体较差，学习积极性和主动性不强，为了使学生在进入英语课学习之前，保持一个积极兴奋的状态，那么，如何在进入新课前更好地激发学生的学习兴趣，就显得尤为重要。因此，大学英语互动教学模式应首先根据对教学目标和教学内容的整体把握，营造语境，以旧引新。可以通过提问设疑、自由讨论、角色表演、图像展示等创设交往互动和问题求知情境，营造英语氛围，激发学生的学习兴趣，使其尽快进入角色，全身心地投入语言实践和思维活动中。然后通过所创设的与当堂课相关的语言情境导出新课内容，并明确学习目标，让学生明确本节课应掌握什么内容和应达到什么标准。

该环节主要是师生间的互动，实际上，是在引导学生的思维，促使学生产生期望、进取、达到目标的心理倾向，调动他们参与教学互动的积极性和主动性，让学生带着学习动机进入下一步的学习。

（二）自主学习

在传统的教学模式中，学生只有静静听讲的权利，而没有思考的自由，缺乏学习主动性。古人云："授人以鱼，不如授人以渔。"教师应该注重培养学生自主能动地进行学习的意识和能力，教给学生语言学习的规律和方法，要善于启发学生思考，帮学生培养未来独立学习所需的技巧和能力。互动教学模式将其视为必要环节，留给学生独立思考、自主能动学习的时间，允许学生根据自己的能力水平、个性特点自主地、能动地、自由地、有目的地进行独立思考，自主尝试解决问题，突出个性化学习，真正确立学生的主体地位。

这个环节主要是学生与英文文本信息之间的互动，使学生通过独立思考，自主能动学习，将新知识与旧知识、纵向与横向知识，以及此类与彼类知识相互联系，造成认知冲突，形成独到的见解，培养他们的独立思考能力和自主学习能力，提高其学习主动性，并为下一步的合作学习奠定良好的基础。但要防止学生相互间的合作交流没有深度，流于形式。

（三）合作学习

传统的教学模式是填鸭式教学，以教师教为主，而互动教学模式更注重师生间、生生间的交流互动。合作学习这一环节是在学生自主学习、初步感知的基础上，开始合作互动。首先进行小组研讨，教师要根据学生的基础和自学情况，确定适合学生知识水平的讨论主题和要完成的任务，明确要求。通过启发、引导和激励，让学生围绕中心议题，发挥想象力和创造力，尽情地发表和交换各自的观点，相互启发、检查交流、吸收完善，发扬团队精神，通力合作，力求出色地解决问题、完成任务。

小组研讨之后，是展示小组成果、组间交流的阶段。教师要采用各种激励措施，鼓励学生充分展示他们自主学习和小组合作中知识建构的成果，发展他们思维的深刻性与广阔性、灵活性与创造性。通过集中交流共同解决问题，积极主动地获取知识，这远比教师直接灌输要好得多，因为它能让学生充分体验成功的愉悦，保持旺盛的学习热情，激发内在的潜能。

此环节主要是生生间的互动，不仅使每一位学生都可以在课堂上大胆地、尽情地交换各自的看法，提高他们的自学能力和思维能力；而且在不知不觉中，学生的语言知识得以建构，语言应用能力得以提高，更重要的是，培养了学生团结、合作的精神，增强了自信。

（四）点评归纳

传统的教学模式，一般都是教师独自对整堂课进行点评归纳。而本模式引导学生参与这一过程，充分发挥学生的主体作用。在组间交流后，按一定的标准，通过学生自评、师生互评等手段，来对学生的学习成果进行全面、宏观、准确的评价。评价的过程其实就是对整节课反思的过程，在此基础上引导学生将各组的观点、答案进行整理、分析、归纳和概括，由此形成共识。总结时，按照本堂课教学目标，首先由教师引导学生总结，然后教师再单独进行补充归纳，总结知识和学习方法，使学生将所学知识主动纳入自己的认知结构中。此环节主要是师生、生生互动，能促使学生积极思考，激发学生参与的兴趣，通过对当堂课所接触的新语言的反思、评价、归纳、总结，达到巩固强化和查漏补缺的目的。

（五）延伸拓展

传统教学模式一般都围绕课本进行教学，不能激发学生的学习兴趣，也不能开阔学生的视野和思维。而在大学英语互动教学模式中，互动教学还可以延伸到课本知识和课堂教学之外。延伸拓展环节，是使学生对已知知识进行拓展和升华，对未知信息进行收集和探索的过程。

在总结完本课所学知识后，如果课上还有时间，可以根据当堂课所接触的语言项目和应完成的语言功能，设计相关的拓展任务。例如，组织学生分组讨论或辩论与本课相关的拓展性问题，或进行拓展性练习的群测和自测等，以使学生进一步巩固知识，举一反三，并激活学生的想象力和创造力，发展他们的实际应用能力。

由于课堂互动会受到教学时间和空间的限制，还可以将其延伸到课外。课外活动是丰富学生精神生活、扩大视野、拓展创新、陶冶情操的有效阵地，课堂互动必须同课外互动结合起来。学生在许多课外活动中，可以不受教材范围、活动时间和教师倾向的束缚，独立地、自主地发展。与传统教学模式布置作业不同，大学英语互动教学模式的课外活动也要充分地体现互动，讲究内容的丰富新颖、形式的灵活多样及教师的指导得当。

此环节主要是生生互动和学生与英文文本之间的互动，可以大大拓展互动的时间和空间，促使学生获取知识，拓展能力，培养学习的积极性和主动性。要说明的一点是，此操作程序的各个环节之间具有逻辑性，但并不是一成不变的。可以根据这一总的思路，在不同课型的应用中做适当调整，使其更有效地为大学英语教学服务。[①]

第三节　基于自主学习理念的高职英语教学方法

一、自主学习解读

（一）自主学习的内涵

自主学习这一概念首先是英国学者利特尔提出的。利特尔认为，学习者自主性是学习者对于学习过程和学习内容的一种心理反应，它具有自己会看情况、明辨是非、做出决定和独立活动的能力，而体现在各种行为之中。[②]自主学习被看作学习者能对学习进行控制的能力，其体现一种超然、批判性反思、决策和独立行动的能力，这种能力的产生要求教育工作者转变角色，把更多的课程控制权和决策权授予学习者。自主学习要求学习者具备三个方面的能力：自我管理、自我检查和自我评估。关于自主学习，不同学派的学者提出不同见解，其中迪金森（Dickinson）认为，学习的自主性是指学习者在学习过程中负责有关学习的所有决策并实施这些决策。[③]国内外也有很多研究者从不同的视角对自主学习下过

① 孙常丽，王红香，刘纯．大学英语多元互动教学模式研究 [M]. 北京：世界图书出版公司，2017.

② 刘燕萍．基于建构理论的信息感悟能力的培养 [J]. 现代情报，2006(4)：150−151+155.

③ 钟晓红，马菡．新世纪大学英语教学探索 [M]. 成都：四川大学出版社，2015.

定义，这里不再赘述。

总之，所谓“自主学习”，是从学习的内在品质而言的，相对的是“被动学习”“机械学习”和“他主学习”。实际上，“自主学习”是指较少依赖别人的帮助而自己可以进行有效的学习。它是一种综合性的能力，主要包含如下几个因素：学习积极性；独立学习的方法和技能（包括善于收集、分析、记录和整理资料）；独立学习的习惯；进行小型而又简易的探究性、验证性实验能力。这里所说的自主学习是指在教学条件下的学生的高品质的学习。所有能有效地促进学生发展的学习都一定是自主学习，而真正的合作学习和探究学习一定是自主学习，然而“自主学习”并没有现成的经验和既定模式，它需要在不断探索中慢慢渗透，逐渐形成。自主学习一词具有两个方面的含义：

第一，学习者自身的主体性和自律性，即学习者只有对某项事物具有内在的探求动力、进行充分的感情投入、参与积极的情境体验，才有可能真正理解与掌握该项事物的规律。也就是说，学习者只有自主地确定自身的学习目标、自主地选择合适的材料、自主地进行过程评价、自主地进行观察、思考、想象、创造等一系列活动，才有可能驾驭学习过程，成为学习过程的主人。

在教育活动中，教师应充分认识和适应受教育者的特性，促进其对社会、家庭、个人等责任感的提升，使其能够更加积极主动地参与到学习过程，增强其发现问题、提出问题和解决问题的能力。这就对开放教育的师生关系提出了新的要求：即教师由一个“知识传授者”转变为个“助学者”“导学者”及一个共同学习者，教师在与学习者的相互交流中自身也获得一定的提高。

第二，学习者的依赖性和互动性。自主学习不是完全不受干扰、自我封闭、自发的学习过程，而是和其他各种学习方式一样，其时刻与周围的环境发生联系，这些环境包括师长、同伴、家人、朋友、学习环境等，整个学习过程在与环境的相互依存和相互影响过程中发生着变化和不断调整。对于教育机构与教育者而言，正是基于学习者这种对环境的依赖性和与环境的互动性，其才有可能对学习者进行一定程度的干预，促使其最终具有学习能力和创新能力。与此同时，学习者也根据环境要求和环境所提供的条件进行自我调控。

由此可见，在学习者的学习过程中，教师既要充分激发其自身的内在动力，又要尽力营造一个良好的外部环境，只有内外动因相互结合，才能促进学习者自主学习能力的提升。

（二）自主学习的特征

1. 自主性

（1）自主计划

自主计划是在学习之前发生，并为接下来的学习活动所做的准备工作。在这个阶段，学习者需要了解学习内容并选择学习策略。具体而言，自主计划包括先行组织、集中注意力、选择注意和自我管理。其中，先行组织是指在自己原有知识的基础上预习即将学习的新资料，了解大意和相关概念；集中注意是指始终将注意力集中在所要学习的资料上；选择注意是指注意学习过程中的特定方面而忽视其他方面；自我管理是指创造条件促使学习任务的完成。

（2）自主监控

自主监控，即对整个学习过程的检查、调整和确认。这既包括监控自己听到的、看到的、理解到的知识信息，也包括对学习计划、学习方法和策略的监控。对学习计划的监控是指监控计划的科学性及时间分配的合理性；对学习方法和策略的监控就涉及方法、策略的选择是否恰当等。

（3）自主评价

自主评价发生在学习活动的最后阶段，它是对自己学习任务的完成情况进行的分析、判断，包括对计划和时间分配的合理性、知识信息的获得、策略的运用等进行评价。自主评价有利于学习者反思学习过程中遇到的问题，总结经验教训，以便对下一次的学习进行指导。

2. 能动性

自主学习要求学习者自觉从事学习活动、自我调控学习，其基本的要求是主体能动性。与各种形式的他主学习不同，自主学习不是指学生在外界的各种压力和要求下被动地从事学习活动，或需要外界来管理自己的学习活动，而是指学生积极、主动、自觉地从事和管理自己的学习活动。

3. 创造性

在自主学习中，每个学生都是独特的自我，个性特征鲜明。在这种教学方式中，教师注重对学习方法的传授，提纲挈领地向学生介绍学习内容，培养学生主动学习、创新学习的精神，引导学生在学习中主动进行探索，善于发现。学生的学习目的不是简单地复制学习内容，而是创造性地激活已有的知识体系和创新的知识体系之间的链接并进一步完成知识的再创造；学生也不再简单地复制学习过程，而是在管理自己学习的过程中，不断地反思、改进学习方法，进行创造性的学习，创造性地解决问题，从而掌握学习技能，发展个人能力。

4.有效性

在某种意义上，自主学习就是采取各种调控措施使自己的学习达到最优化的过程。这是因为自主学习的出发点及自主学习的目的是尽量协调好自己学习系统中各种因素的作用，使它们发挥出最佳效果。一般而言，自主学习的水平越高，学习者学习的过程就越优化，学习的效果也就越好。

5.开放性

自主学习是一种开放的教学方式，其包括教学内容的开放、教学目标的开放、教学时间的开放、教学空间的开放、教学设计的开放、教学方式的开放、教学组织形式的开放、教学管理的开放及教学评价的开放。自主学习的开放性使学生在教师的宏观指导下不仅可以自主选择学习的时间、地点，还可以自主确定学习目标、学习内容、学习方法及学习计划，并自主进行学习反馈、评价，从而对自己的学习负责。在这样的学习中，学生才能真正成为学习的主人。

6.相对性

就现实的情况来看，绝对自主或绝对不自主的学习都较少，学生的学习多数是介于二者之间的。因此，自主学习不是绝对的，而是相对的。也就是说，学生的学习在有些方面可能是自主的，而在另一些方面可能是不自主的。学生中学习的许多方面如学习时间、学习内容等都不可能完全由学生自己来决定，学生也不可能完全摆脱对教师的依赖。因此，不能把学生的自主学习简单地分成是自主的或者是不自主的，而应该从实际出发，分清其学习在哪些方面是自主的\在哪些方面是不自主的，或者说学习的自主程度有多大。做到这一点教师才可以针对学生学习的不同方面进行自主性的教育和培养。这里正是以对自主学习的这些理解为出发点的。

二、高职英语自主学习教学策略研究

（一）高职英语自主学习教学准备策略

教学是一种有目的、有计划的活动，在活动之前，教师需要进行必要的准备，在头脑中或书面做一个计划。足够的课前准备是有效教学的前提，学生一届届更换，知识一天天更新，即使教授同一门课程，教师仍然需要认真备课，以加强教学的针对性，可以减少教师教学时的不确定感，找到一种方向感、自信心和安全感。教师也可以借此过程进行学习、收集和组织材料，安排时间和活动顺序；制订计划还可以直接运用于教学。

1.确立高职英语自主学习的教学目的

教师在活动之前如何进行计划，主要有两种不同的取向：一种是“整合计划”模式；另一种是“目标—手段详细计划”模式。这里采取第二种模式，其是一种技术性、策略性的取向，它先把宽泛的目的一步步地分解为具体的目标，然后根据详细的目标选择、组织教学内容，选择合适的教学行为、教学组织形式，形成详细的教学计划，即教案。

高职英语教学是以英语语言知识与应用技能、学习策略和跨文化交际为主要内容，以外语教学理论为指导，并集多种教学模式和教学手段于一体的教学体系。高职英语的教学目标是培养学生英语综合应用能力，特别是听说能力；使学生在今后的工作和社会交往中能用英语有效地进行口头和书面的信息交流，同时增强其自主学习能力、提高综合文化素养，以适应我国经济发展和国际交流的需要。教学目标是教师进行教学活动的指南，教学目标与学生的学习目标应该是相同的，让学生对目标认同并真正理解，让学生积极参与目标的制定，发挥其主动性。

2.高职英语教学中教学材料的加工

无论是自己编制所教课程内容的教师，还是根据已经规定好的内容进行教学的教师，根据教学的意图或目标对可得到的材料进行编制、研究和分析都是进行准备工作中不可少的环节。教学材料是指教学内容的各种形式的载体，教材是实现课程标准和确定教学目标的重要保证。为了打好语言基础，培养语言应用能力，提高文化素养，教材应为课堂教学提供最佳的语言样本和有系统性、有针对性的语言实践活动的材料。教师要充分利用教材所提供的语言材料组织好课堂教学和指导学生课外自学。

根据高职学生的层次及相关大学英语教材的难易程度，我们在国家教育部推荐的四种教材中选择两种作为主体教材，即高教出版社的《体验英语学生学习系统》和外语教学与研究出版社的《新视野英语》及教学软件（网络版）。《体验英语学生学习系统》和《新视野英语》都是国家级规划教材，其难易程度和实用性特点适合高职学生的实际。这两套教材充分体现了立体化教材的优势，人机互动练习以听说为主，强调自主学习，注重培养表达能力等，这些与《大学英语课程教学要求》是相适应的。其充分尊重语言教学规律，体现新的《大学英语课程教学要求》，突出趣味性、实用性。

此外，高职外语教学部的教师可以采取集体备课的形式，教师结合教学大纲及教学计划对所教科目知识的性质及所面对的学生的需要、兴趣、能力水平和学习与思维习惯的特征进行深入的了解。在此基础上，高职集众人的智慧共同编制开发补充教学的相关课件和辅助教材，根据教学对象的实际特征选择和组织相关教学内容，以便教学材料更好地适合教学情境。教师可以结合信息技术手段在课堂上以声、像、图文等多种形式为学生提供教学内容，这是对教科书更好的辅助和补充。其外观、版式设计色彩鲜明，内容贴近现代生活，围绕学生这个主体向外扩展，让学生在学完一个单元后懂得自己能做什么，到相同的情境该怎么去听与说，在不知不觉中提高听说技能，消除可能产生的心理问题和听说障碍。相比之下，传统教材却很容易给学生以较为呆板的印象：一幅图、一段材料、一个生词表、几道练习，色彩单一，排版单调，学生不感兴趣，对英语学习的兴趣就会降低。教学课件与教材有机地结合，为我们展示生活中方方面面的知识，提供诸多与学生身边现实生活有关的话题，可以促进学生对语言知识的运用能力。

3.教学行为的选择

根据教学目标或教学意图，教师对教材进行选择与确定等处理后，还必须考虑选择什么样的行为才是适当的。

选择教学行为的依据具体有以下三条：

（1）教学目标或教学意图。每节课都要针对认知领域、情感领域和动作技能领域，有一定的目标或教学意图，采取何种教学行为要与教学领域及要达到的学习水平联系起来考虑。在促进大学英语自主学习教学中，主要着眼于学生的自主性，教师以指导的形式为学生提供学习情境，创造学习条件，让学生主动参与教学活动，促进英语综合能力运用。

（2）认真研究学生。学生是学习的主体，教学的有效开展依赖于学生的参与。所选择的教学行为要与学生的认知水平、经验水平、学习风格相符合，当某一方式适合学生的能力、需要和兴趣时，他们会感到非常自如，并且学习效果最好。大学生的认知发展已经具有丰富而完备的学习策略，大学生的自我已成为其发展的主体和主要执行者与监控者，在学习方法上对自主性要求较高，在选择教学行为时都应有所考虑。

（3）在进行教学行为选择时，还应该把环境因素考虑在内，诸如可用的空间及各种信息技术手段等。

4.教学组织形式的设计

教学组织形式是指教学活动中教师与学生为实现教学目标所采用的社会结合方式。它与教学行为紧密相连，需要同时考虑。课堂教学组织形式基本分为三种：一是全班组织形式，通常称班级授课制；二是分组组织形式；三是个别组织形式。教学组织形式可采用不同教学组织形式相结合的方式，如根据内蒙古师范大学实际教学情况，现在采取了下列教学组织策略：

（1）分层教学

按照《大学英语课程教学要求》，大学阶段的英语教学要求的三个层次，课堂教学面临改革的首要任务，就是以学生客观存在的差异为前提，设计不同层次的教学内容，改革教学模式，使每个学生在最适合自己的学习环境中求得最佳的发展。在实际教学中，教师既要照顾起点较低的学生，又要给基础较好的学生发展的空间；教师要能使学生打下扎实的语言基础，又要培养他们较强的实际应用能力；教师既要保证学生在整个大学期间的英语语言水平稳步提高，又要有利于学生个别化的学习，以满足他们各自不同的专业发展需要。

（2）高职英语自主学习课程类型设置

建立高职英语基础综合类课程和全校英语选修课程的课程体系，该课程体系不仅包括传统的面授课程，更注重开发基于信息技术环境的大学英语课程，将综合英语类、语言技能类、语言应用类、语言文化类和专业英语类等必修课程和选修课程有机地结合，形成完整的大学英语课程体系，以确保不同层次的学生在英语应用能力方面得到充分的训练和提高。

促进大学英语自主学习教学中，学生周学时数保持在7个学时，采取课堂面授和自主学习相结合的方式进行教学。课堂面授教学由两种课型构成，即读写译课和听说兼辅导课。其中读、写、译的大课堂采取班级授课，可以使教师同时为许多学生授课，每周安排两学时，以教师指出教学难点、重点，并串讲课文等方式，帮助学生掌握基础知识，透彻理解每篇文章的文化内涵，从而提高英语阅读、写作和英汉互译的能力；听说兼辅导课采取小组组织形式，根据不同层次每个班分为3组，每组12人左右，每周每组学生安排一次面授辅导。这种方式适合学生个别化学习，可以增强小组成员互相激励与合作学习，以师生、生生交流，教师指导的方式，对每单元课文和网上学习内容开展主题讨论或合作活动，重点培养和提高学生口语表达能力；同时，对学生课下网上学习的进度和程度进行督促检查，随时掌握学生网上的自学效果，答疑解难，个别指导，并根据学生的学习效果决定学生是否可以继续学习。此外，学校建立自主学习中心配置语音输入输出系统，为学生提供上机进行听说、作业的训练，为学生创造自主学习环境。这种形式允许学生有比前两种组织形式更灵活的学习进度和时间安排。

5.教案的形成

教案是为课堂教学而准备的书面计划。它本身涉及的问题很多，不仅包括以上所介绍的各个方面，还包括教案的一般规范问题及对教学困难的预测，需要教师结合实际教学内容和对象，进行科学的设计。

（二）高职英语自主学习教学实施策略

1.英语听力与阅读教学策略

听力是听者积极主动地接收目标语言，理解、筛选有用信息并存入长时记忆，逐步扩大听觉渠道的一个过程。

在心理语言学的研究中，阅读是一个信息加工的心理过程，读者利用视觉信息自下而上地对文章的字、词、句进行解码，逐步理解整个语篇的意思；读者也可利用已有的背景知识，自上而下地预测内容。在阅读过程中二者常交替综合使用。听力与阅读材料是一定社会和文化的产物，需要一定的文化与社会背景来真正全面理解内容。信息环境下大学英语教学就是利用以多媒体计算机为核心的信息技术和资源所构建的大学英语教学活动，传授基于信息技术的大学英语听读的基本知识、基本技能，培养学生利用信息技术获取必要的外语听读的能力，使学生从中感悟计算机文化的丰富内涵，扩大学生的文化视野和言语信息的输入或输出。信息技术的发展为多媒体辅助大学英语阅读教学提供了良好的条件。同传统印刷文本的阅读教学相比，多媒体可以将文本和声音、图像等其他媒体结合，形成一种综合信息，增加学生阅读的兴趣。由于多媒体带有内置帮助手段，如在线词典、在线词汇表、句子解释、电脑发音等功能，学生更容易理解阅读的材料。另外，多媒体辅助大学英语阅读教学的另一个优势就是它的“可改变性”。学生可以直接在电脑上对电子文本进行修改、复制、重组，使阅读活动不再是单向的交流，而是一种文本与读者之间的互动、对话。这种双向的交流，更容易实现学生的自主学习。

基于阅读和听力二者都涉及接收、处理信息的过程及社会文化背景对理解力的影响，我们认为对这两项技能进行训练时，以下三种策略比较重要：

（1）建立、扩展图示策略

建立、扩展图示策略指在听力、阅读教学过程中要训练学生形成与听、读材料有关的背景知识，增强对篇章的联想、制约和理解。教师要提供机会以唤起学生已有的背景知识，同时还要拓宽与信息相关的背景知识。该策略主要适用于听力、阅读课教学的引入阶段。

在教学过程中对不同文化、不同价值观和不同道德标准进行对比，利用信息技术的视频、音频、动画效果或实物、图片等建立图式，帮助学生理解听读材料，或为学生提供相关背景知识材料。如在听、读之前，组织一些以提高背景知识为主的课堂活动。学生对听读材料的背景知识知道得越多，理解的程度就越深。背景知识对于英语语言水平较差的学生来说尤为重要。这些学生由于低层次处理技能即语言符号识别和句法结构认知能力欠佳，导致他们常逐词逐句阅读且断断续续，而启动和建立背景知识属高层次处理技能，如借助于丰富的背景知识，就可以弥补这些不足。信息技术为我们在教学过程中生动地展现或导入背景知识提供了便利。

（2）训练学生听、读技巧，授人以渔策略

训练学生听、读技巧，授人以渔策略是指教师在听力与阅读教学过程中要训练学生，使其掌握运用高效听、读技巧，提高听读理解能力。该策略在听读教学中以完成任务方式进行。大学英语教学中该策略通常训练以下五种技巧：①猜测技巧，指听读者根据已有的背景知识或图式的建立，高效地预测所要听读内容的技巧；②寻读特定信息，这一技巧使人们能很快获得某一条或几条特定信息；③略读大意，指无特殊目的，只需了解材料大意和中心思想；④识别功能、话语结构技巧，指学生通过识别特殊符号，进行有选择的听、读，提高听读效率的技巧；⑤根据上下文猜测的技巧，指学生对阅读过程中出现的生词和较难的句子能通过上下文猜测其意思的技巧。

（3）丰富语言输入策略

语言课堂教学活动可分为两大类，即为学生提供语言输入类和鼓励学生运用语言类。语言输入靠听和读，语言输出靠说和写。输入输出关系密切，相互促进。通过听和读，输入的语言材料和语言知识越丰富，越有利于输出的准确、流利和多样化。教师要广泛收集、选择适合学生程度且不局限于教材的、语言地道准确的多种听读材料，为学生提供尽量多接触真实语言的机会，通过大量的听、读活动训练学生的听读技巧。在教学过程中，教师可以充分利用信息技术手段，采用英语小故事、幽默、笑话，听英文歌曲，或用英语报告重大新闻等方法来训练学生的听读能力。

2.英语口语和写作能力教学策略

口语和写作是基本的语言表达形式。语言教学的中心任务是培养学生通过听、读获得信息，以说、写表情达意、交流信息。学生开口说英语的最大困难是心理障碍，如害羞、怕出错、缺乏自信心等。克服心理障碍的有效方法就是创造轻松、愉快的课堂气氛，鼓励学生大胆开口。

（1）教学过程交际化策略

教学过程交际化策略是指教师有针对性地训练学生说、写能力时，其教学过程应强调交际训练的成分，让学生进行真实的信息交流。教师可以提供背景，学生进行模拟交际，让学生自由思维、自由创造，在给定的背景下自由表达，从想说到想说好。如借助信息技术在线聊天和电子笔友等功能，为学生创造一个真实的说、写语言运用环境。在与英语国家的学生笔友通信往来时，学生听、读到的是地道的英语，还有对方独特的思想观点。与英语国家学生通信本身也是一种跨国文化交流，使学生直接接触异国文化，这必然有助于学生英语语感的形成和跨民族文化意识的培养。电子邮件写作具有灵活和高速的特点，提供适时远程交互。Word文档的拼写和语法检查功能可以帮助学生检查写作错误。电脑词典提供词义参考和查询，便于文章的修饰和修改，且操作方便快捷。总之，利用电子笔友进行英语写作教学可以为学生提供真实的英语交际语境，提供体验英语和使用英语的机会，可以大大提高学生的写作积极性。

（2）巧妙处理语言错误策略

巧妙处理语言错误策略指教师应树立正确的语言错误观，正确看待学生表达中出现的错误，在不同阶段、针对不同学生、按错误的程度区别对待语言错误，引导和帮助学生改错。教师要及时引导学生看到自己的进步，加以鼓励。许多研究表明，害怕错误的学生常在口语练习中保持沉默，或在写作中机械照抄课文原句，教师在纠错的过程中，要帮助学生树立自信心。

（3）练习方式活动化策略

练习方式活动化策略，指教师有目的地设计语言表达练习活动，为学生运用语言提供足够的机会，而不仅仅是单纯的语言形式机械重复。可通过开展英语游戏、演出，举办演讲、竞赛等活动，使学生运用课堂以外的信息、经验和知识，不知不觉中运用学过的语言。

3.英语词汇语法教学策略

词汇语法在英语中起着重要的作用，它们在语言课堂教学中不仅有用，而且对加快学习过程至关重要，是帮助学习者达到较高外语水平的重要途径。词汇语法教学以提高学生的外语交际能力为目标，教学重点放在如何使学生在特定的语言环境中，为实现交际功能正确而又得体地运用这些语言形式。

（1）完整步骤化教学策略

完整步骤化教学策略指教师在进行语言形式教学过程中，应策划一系列完整、有步骤的教学活动。学生通过这些步骤掌握语言知识，最终达到运用语言形式进行交际的目的。运用该策略，教师应引导学生走过一个从不知到知之，直到用之的过程，简称PPP过程，即presentation（呈现）、practice（练习）、production（运用）。

（2）训练有效记忆策略

训练有效记忆策略指教师在进行词汇教学时应有意识、有目的地训练学生运用有效的记忆方式和技巧，提高记忆效率。这类训练在学生已掌握部分词汇基础上，有助于进行词汇扩展或加深记忆。

（3）整理归类、区别对待策略

整理归类、区别对待策略针对词汇教学来讲是指教师要区分主动性词汇和被动性词汇，应采取不同的教学手段，提出不同的教学要求。教师应引导学生对词汇适当进行分类，按同类的转化、派生，及一词多义、一义多词、近义词、反义词等帮助学生整理词汇，达到巩固的目的。在词汇较多或复习阶段，运用该策略可以帮助学生在大脑建立词汇间相互多重联系以巩固和加深记忆。

（4）比较概括策略

比较概括策略针对语法教学来讲，是指教师要适时对所出现的语法现象进行对比、分析、归纳、总结，加强对语法现象的理解与掌握。借助信息技术可用图表、故事等方法对语法进行总结。

（三）高职英语自主学习教学评价策略

教学评价是指教师通过收集教学过程中的信息，进行判断和决策反馈与调控的过程。在全面推行素质教育的今天，对学生学习的评价意味着具有多种功能的综合性的评价。要根据教学大纲的教学目标和不同阶段的教学内容，结合学生的实际，通过教师和学生的通力合作，对学生的情感、态度、能力和学习策略在学习中的发展和改进予以评价。全面、客观、科学和准确的多元测评体系对于实现教学目标至关重要。学生是学习过程中的主体，利用信息技术的主要目的是向学生提供学习的途径、资源和方法进行自主学习，使之获得知识与技能，最终使其得到发展。评价不是为了选拔和甄别，而是如何发挥评价的激励作用，关注学生成长与进步的状况，以此来促进学生的全面发展。在新的课程标准中强调培养目标和评价内容的多样性，提出知识与技能、过程与方法、情感态度与价值观等各个方面都是评价的内容，并应受到同等的重视。它要求做到知识与技能、过程与方法、情感态度与价值观三个方面的整合。

教学评价是双向的，随着评价理论的发展，越来越多地吸收被评价者参与。自主学习是充分发挥学习者主观能动性的学习，其学习评价的主体将不再局限于教师，学生将积极参与学习评价。学生的积极参与是进行评价得以顺利进行的保证，信息环境下促进大学英语自主学习的教学，采用的是过程性测评和终结性测评相结合的评价策略。

1.过程性评价

过程性测评又称形成性评价，是在教学过程中进行的评价，是为引导教学过程正确前进而对学生学习结果和教师教学效果采取的评价。该评价的目的不是选拔优秀学生，而是为了发现每个学生的潜质，强化改进学习，并为教师提供反馈。可以采用学生自我测评、学生相互测评及教师对学生的评价方式。

（1）学生自我测评。在教师的辅助下学生自我测评，组织学生填写《学生英语能力自评/互评表》，对自己英语听、说、读、写等方面的能力，已经达到何种程度，目标期望如何，客观地进行评价，以便学生自身调整学习策略、改进学习方法、提高学习效率。

（2）学生相互测评。在《学生英语能力自评/互评表》中“同学评”栏中请同学之间对英语能力做出评价；站在其他同学角度，对一位同学的英语听、说、读、写等几个方面的能力进行评价，克服学生自我评价的主观性。

（3）教师对学生的评价。教师根据学生学习过程的实际表现，对学生进行评价。教师可以参考学生平时作业、出勤情况、学习态度及监控学生的网上自学学时和自主学习记录，随时对学生的自学过程进行观察、监督和评估，促进学生有效学习。

2.终结性评价

终结性评价又称总结性评价，指在教学活动完成一个阶段（一学期、一年或一门学科学习结束）之后，对其结果进行的评价。其主要目的在于检查、总结教学目标的达标情况，评定学生的学业成绩，评定教学方案的有效性。高职采用终结性测评进行期末课程考试，对学生的学习结果进行判断，测定或诊断学生是否达到教学目标及达到的程度，是以终结性评估为目的，以评价学生综合应用英语的能力为主导。高职大学外语部正在建立测试题库，减少选择性作答题的数量和权重，增加直接测量英语应用能力题型的数量和权重，以提高总结性测评的信度与效度，准确评定学生的学业成绩。

第五章　高职英语课堂教学与实践

经过几十年的发展，我国的高职英语教学取得了显著的成绩。高职英语教学在教与学两个层面上的改革都取得了明显的进步，在教学理论、教学内容、教学方式、教学效果、教学实践上都有较大的改变。但随着社会的发展，社会各界对大学生英语水平提出了更高层次的要求，高职英语教育教学的研究与发展与本科大学的英语教育教学的研究与发展还存在很大差距。高职教育的目标是为社会培养高素质劳动者，在英语教育方面更应该注重应用性和实际效果。尽管目前我国大学英语教学已经历经了三个重要的历史时期，进入到新的历史转型期，但是仍然有必要从整体上梳理一下大学英语教学在我国的发展历史与现状，以便对高职大学英语教学进行更深入的探讨。

第一节　高职英语课堂教学理论

一、高职英语课堂教学的有效性

有效的英语课堂教学是满足学生有效学习的前提，也是实施素质教育的重要保证。然而分析当前高职院校英语教学的现状，却发现高职英语教学存在教学低效的问题，无法满足学生未来职业岗位的工作需求及终身自主学习的需要。因此，探讨课堂教学的有效性，是目前我们应该首选的课题。

《国务院关于大力发展职业教育的决定》中指出，高职院校应培养具有可持续发展的高素质和学科完整性发展的现代技术应用型人才。因此，高职英语作为公共基础课程，已经成为各高职院校提高办学层次和能否培养出现代技术复合型人才的重要标志。高职英语能否完成既定的教学效果也愈发引人关注。

（一）高职院校英语教学的现状

高职英语课程隶属公共必修课，英语教学大多时候被看作一门学科，对于重视职业技能方面培养的高职院校来讲，很难引起有关方面的注意。而且部分教师为了完成每学期规定的教学任务，过多地重视教学环节的准备，忽视了教学内容的趣味性和学生岗位的相关性。结果，大多数不熟悉基础知识的学生无法跟上课堂教学的进度，造成对英语学习没兴趣、没信心，影响后继学习效果。

1.学习英语语言上存在的问题

一般来说，对于母语之外的第二外语的学习，最大的困难不是汉字与英语字母的转换，而是母语思维向外语思维的转换和外语思维的软着陆。如果所学的语种与自己的母语相接近，那么第二外语学起来就容易些，这是因为容易进行思维的切换。而对于与母语差别较大的语种，就像中国人学英语，由于在这两种语言之间进行思维的切换较难，因而学习起来就会困难重重，久而久之，学习者容易失去学习的积极性和信心。

2.学生方面的问题

从调查数据来看，高职学生对英语这门课程兴趣不高，从小学到大学，十几年的学习经历却没有养成良好的英语学习习惯，学习效果较差。究其原因，一是词汇量较少。大约75%的学生英语词汇量不足1200个（高中生应具备3500个单词），所以词汇量不足，致使大部分学生在课堂上无法参与正常的教学活动。二是语法基础知识薄弱。教学过程中发现，对于最基本的英语语法知识如词类、句子成分及结构，多数学生并不了解，复杂的语法规则更是无从谈起，这直接影响他们正常阅读和翻译。三是对英语学习兴味索然。因为“英语”是规定的必修课程，为了拿到学分，才被迫来上课，学习效果可想而知。四是英语学习方法不恰当。问卷调查发现，将近一半的学生没有正确有效的英语学习方法，不知道在上课前（预习）、课堂（笔记）、课后（复习）该做什么。课堂教学中还发现，约有75%的学生有课堂沉默现象，因怕教师提问就在后排就座，精神紧张，极少发言。统计发现，影响学生课堂学习效果的主要因素并不是基础知识薄弱，而是课堂心理因素、学习目的及学习态度。

（二）如何理解“课堂教学的有效性”

有效果的教学，通常是指授课教师在经过一定时间的课堂教学后，所教学生身上发生的变化，获得的具体进步或发展。其中的“教学”，是指教师由发起、管理并提升所教学生学习的所有行为方式和策略。从学生角度来看，有效教学应指通过教学活动促进了学生的学习并且对学生的未来就业和生活有所帮助的教学。从教师角度来看，有效的教学活动就是指教师能够准确清楚地解释学科内容，引发学生的学习兴趣；帮助学生提出适合自身发展的学习目标；培养学生独立学习的好习惯；等等。

高职英语的有效教学是指教师要遵循英语教学活动的规律，采用适合高职学生基础知识的教学方法，以最高的效率实现预期的英语教学目标，使学生成绩提高并用所学知识胜任未来岗位需要，实现可持续发展的教学活动。

高职英语有效教学要体现如下特点：一是多重的教学目标；二是准确适用的教材；三是有职业属性的教学内容；四是科学性的教学组织；五是融洽的师生关系。涉及三个方面：一是课堂教学的有效实施，是说教师必须提高课堂教学的有效知识量和科学运用多种先进的教学方法；二是课堂的有效管理，是说教师要创造良好的课堂气氛并善于和学生沟通，实时改进交流方式；三是课程全程的有效学习指导，这就意味着教师要培养和激发学生的学习兴趣，创造问题，模拟情境，兼顾层次，以强带弱，考核评价。

（三）高职英语教学有效性策略分析

1.教师必须有清晰的教学思路

教育家叶圣陶先生曾说："教师之为教，不在全盘授予，而在相机诱导。"① 它是指教师的教学理念，即"相机诱导"，教师的教学不依赖于整体灌输讲授，而是诱导学生学习兴趣的时机。关键在于教学理念不仅存在于教师的头脑中，也存在于书面的教学案例中，必须转化为一种可行的课堂教学活动，这就是对教师教学能力的检验。课堂教学中，教师的教学思路清晰，学生的思维也就逐渐清晰，他们才有可能获得创造性的思维。教师个人的思维品质集中体现在课堂教学环节的设计上，体现个性化的色彩并潜移默化地影响学生，从而师生共同完成一堂有品质的课程。

2.教师讲授须把握分寸

教师在课堂上适当地讲解能帮助学生理解该单元的主旨思想，提高他们的鉴赏力。蜻蜓点水或过于深入的渗透，都无助于学生的文化积累和思维训练。教师应该控制好教学内容的程度。讲太多太宽泛，会使学生处于休眠状态；而讲得太

① 朱永新.叶圣陶教育名篇选 [M].北京：人民教育出版社 ,2021.

深太专，也会使学生处于不知所措的状态。从“最近发展区”理论来看，教师的讲授可遵循可接受性原则，因材施教，在学生可以接受的范畴内开展教学。

3. 教师要善于设计问题，促进学生思维能力的提高

有效提问能探索并优化认知结构。教师的提问要具有导向性、代表性，可以从单元模块中提炼，也可以从背景文化中挖掘出来，目的是帮助学生进行思考。能够较好地使用课堂用语也是每位授课教师应该努力修炼的本领。在课堂上，讲话的语气和措辞要注意，使用学生能接受的语调。同时，注意语调的抑扬顿挫、语词的简单明了，这样能为课堂教学增色增彩，有利于课堂教学质量的提高。

4. 提高学生参与教学全过程的程度

如何打破英语课堂的沉默现象，创设全员参与、互动良好的课堂，是我们目前迫切要解决的问题。毫无疑问，学生的课堂参与度是检验英语课堂是否有效的标准之一。有关数据表明，如果在一堂课上有70%的学生能积极参与课堂教学活动的全过程，就可以认为这是一堂高效率的课。我们知道，课堂教学是教与学统一的过程，但不能就此认为教师的教与学生的学是同时进行的。实际情况就是，你在教而我未必在学。教师要考虑学生在课堂上的感受，让学生有机会参与教学目标的制定、教学方法的选择、质疑解惑，把课堂让给学生，在课堂任务的驱动下，迫使他们主动参与到课堂教学活动中。

5. 营造公平和谐的课堂教学环境

良好的课堂教学环境是有效开展教学活动必不可少的前提条件，其由课堂教学的物理环境和心理环境两个方面组成。物理环境是指必须改进教学场所，包括教室布置、学生座位的安排、黑板和多媒体的有效利用等。教学环境能帮助学生改变，使学生学会和训练学生成为“适应变化、学会学习、发挥独特人格作用的人”。由此看出，人的创造力是在感受心理安全和心理自由的前提下达到最大的表现与发展的。因此，教师应尊重学生，在课堂上与学生进行情感上和思想上的共鸣，了解学生的真实感受和课堂反应。值得注意的是，授课教师要公平对待每位学生，如果教师只是偏爱基础好的学生，会造成基础差的学生跟班困难，导致其态度消极不参与课堂教学活动，直接影响课堂教学效果。教师要照顾这些学生，使他们不被边缘化，根据他们的能力水平安排一些比较简单的任务，主要是基于理解和记忆并不断督促，使他们能跟上班级的整体水平。小组合作学习模式可以帮助这些学生解决学习上的困难。此模式可以促进学生开阔思路，互相协

助，通过逻辑分析来解决问题，发挥学生的学习潜能，以强带弱，减少两极分化，有效提升学生的积极性和学习成绩。

6.利用多媒体技术优化课堂结构，注重教学实效

高职英语属于应用型语言，语言学习离不开语境和情境。教师利用多媒体课件播放英语微视频、微课、英语演讲和英语听力，让学生有触视感，通过感官刺激，身临其境地来收获知识，了解异国文化和理解语言材料，在具体的语境或者情境中感知词汇的应用场景，培养学生养成用英语思维的习惯。因为高职英语教学一定要结合学情和职业特点，所以利用多媒体还需要有针对性的教学策略，开发符合学生未来岗位需求的人才培养计划，专业性人才定性定向培养（简单、实用、与专业相切合、教材章节灵活选取、听说读写译无须面面俱到，可按照学生所学专业需要予以侧重），达到自主、终身学习之目的。另外，利用现有的网上学习平台学习，也是对课堂学习的无限延伸，学生可以在任何时间、任何地点自主学习。

7.反思性教学有利于高职英语课堂的有效教学

反思性教学是对教学经验的反思，是指教师以自己的教学活动为意识对象，对自己的教育理念、教学行为、决策，以及由此产生的结果进行认真的自我审视、评价、反馈、控制、调节、分析的过程。它是教师回顾过去、审视现状、规划未来的有效途径。同时，反思性教学也是教师培养职业情感、树立专业观念、提高教学技能的过程。首先，英语教师应通过对每堂课结束后整个教学过程的反思，认真总结这门课程是否达到了预期的效果。其次，教师可以从批改作业、试卷、联系学生等方面获取学生的反馈信息，记录和改进学生学习中常见的典型问题。此外，英语教师可以互相学习，听讲座（听专业教师的课，提高自己的专业技能），改进教学方法和课堂管理能力。最后，鼓励学生对教学过程进行反馈，教师收集反馈结果回归至课堂从而提高效果。通过这种自我反思、自我控制和学生反馈的方式，把教与学有效地融合起来。

8.培养能融入专业课程知识讲授的英语教师队伍

培养能融入专业课程知识、高水平的理论知识的双师型教师，改进教学理念，体现高职公共英语教学的特点。公共英语教师要经常与所在院系的专业教师互相听课、互相探讨，了解地区经济与专业最新的发展动态，因地制宜地实时融入实际课堂教学中。如此，教师能更好地完成高职英语教学任务，结合学生的岗位工作，准确定位教学内容，因材施教，以教为本，因岗施教。

总之，高职院校要构建有效的英语课堂教学体制，需要学院管理层面、教师和学生三个方面的共同努力。高职院校领导在教学软硬件设备及教室环境营造等方面大力支持；同时，教师要不断地学习充实自己的理论知识储备，不断地完善自身专业知识素养，在“互联网+”大数据的时代背景下，使用多媒体技术改进教学方法，营造和谐良好的师生关系，课前精心设计过程，课中指导、演示并互动，课后诊断，并反思且回归至课堂，如此来提高英语教学的有效性，才能培养出新时代合格的职场复合型人才。

二、高职英语课堂教学中的文化导入

在高职教育体系中，英语学科一直占据着不容忽视的重要地位，学生要想获得良好的发展前景，必须学好英语，能够使用英语与他人交流，这就涉及在高职英语课堂教学中如何有效地进行文化导入，确保学生能够更加深入透彻地理解英语知识，掌握英语交流能力。

（一）文化导入在高职英语课堂教学中的重要性

提高学生的语言交流能力。在传统的高职英语课堂教学中往往存在着这样一种误区，即过于注重对理论知识的传授，忽视了对学生英语交流能力的培养，教师一味地采取灌输式的教学方式，很少给学生提供交流的机会，这种教学理念无疑是本末倒置，阻碍了学生英语水平的发展。文化导入的应用有助于增强学生对英语文化的认知和理解，促使学生更加灵活地应用英语词汇、句式和语法，对于学生英语交流能力的提升大有助益。

提高学生的理解能力。由于中西方文化的差异，学生在学习英语的过程中会遇到各种各样的问题，对英语内涵的理解不够全面，在交流时也会出现极大的障碍，这与高职院校的英语人才培养目标背道而驰。文化导入的应用为学生深入理解英语语言创造了契机，通过对文化背景、风俗习惯、语言特点进行讲解，学生对西方文化的认知水平将会达到一个新的高度，在运用英语与他人交流时也会越发游刃有余，得心应手。

激发学生的学习兴趣。高职学生的英语基础较为薄弱，他们的学习动机不够明确，学习兴趣相对匮乏，在英语课堂教学中的表现差强人意。应用文化导入，结合具体语境来教授英语知识，促使学生在学习英语的同时进一步了解西方文化，加深学生对英语知识的印象，通过长期的积累和沉淀，学生的英语学习能力将会显著提高，并树立了良好的自信心，在此情况下，学生对英语也会保持持久而强烈的学习兴趣。

（二）高职英语课堂教学中的文化导入策略

信息化导入英语教学。现如今我国已经全面进入了信息时代，现代信息技术的广泛应用给高职英语教学注入了源源不断的生机和活力，能够将复杂难懂的知识变得简单化、形象化，清晰直观地呈现在学生面前，帮助学生快速接受新知识、巩固旧知识，可以说，在高职英语课堂教学中应用现代信息技术是十分必要的。教师应顺应时代的潮流，大力发掘网络资源，构建信息教学平台，以丰富英语教学内容和教学形式，调动学生的主观能动性。比如，在课前布置预习作业，让学生在网络上查找资料，为课上教学做好充分的准备；或者将教学内容制作成多媒体课件，添加文字、图像、视频、音频等元素，给予学生强烈的感官体验，让学生自觉代入语境中，领略英语的独特魅力。与此同时，教师还要坚持以学生为主体的原则，鼓励学生积极参与到高职英语课堂教学中，提高学生的课堂参与度，以锻炼学生的思维能力和交际能力。

文化背景导入英语教学。在全球经济一体化的背景之下，国际间的贸易往来越发频繁，高职学生在毕业后不可避免地会涉及与外国人打交道。为了实现学生的快速就业，必须传授学生交流的技巧，防止在交流过程中出现误会，引起他人的反感。除此之外，高职学生正处于好奇心旺盛的年纪，他们对外界事物有着强烈的求知欲和探索欲，教师要善于利用学生的这一心理特征，将西方国家的历史和文化背景潜移默化地融入英语教学内容中，循序渐进地提高学生的英语素养。比如，在称呼英国人时不能用Englishman一概而论，因为英国是由英格兰、苏格兰、威尔士和北爱尔兰组成的，有些地区的人们不喜欢被称为Englishman，在遇到他们时要学会变换称谓，这样才能赢得他们的好感。所以说高职英语课堂教学中，文化背景的导入非常关键。

情境导入英语教学。众所周知，英语学习需要在特定的语言环境中才能取得事半功倍的效果。一方面为学生的理解和掌握提供了便利；另一方面激发了学生的学习热情，给予他们学习的动力。教师可以将英语教学与学生所学专业结合起来，设置实际工作中经常出现的真实情境。比如，在洽谈国外业务时需要接待英美国家的使者，使用一些专业术语，如果学生能够将这些知识提前掌握，他们对日后的工作就会充满信心，在学习英语时也会更有斗志。教师要安排学生分别扮演不同的角色，可以播放相关视频，以供学生参考和模仿。每组学生表演时，其他学生要耐心观看，并在表演结束后指出其不当之处，以便于学生弥补自身的缺点和不足，逐渐向着更高的层次发起冲锋。

价值观导入英语教学。西方国家都有自己的历史文化，有些国家的文化历史悠久，同时受各方面的影响和促进，形成了自己的文化价值观，在历史的发展及岁月的变迁中，每个国家都受到文化的熏陶而形成了独有的特征，这是该国与其他国家明显的不同之处。这种价值观的差异已经渗透在每个国民的血肉和骨骼之中，教师要在日常的英语教学中注重对文化价值观的介绍和引导，让学生能够更好地了解英语国家的文化价值观，从而形成自己的思维方式，更好地学习和运用英语。

思维方式导入英语教学。文化背景不同，各个国家人们的思维方式也存在很大的差异。英语教师要重视历史文化背景下人们思维方式的差异性，在教学中渗透文化知识，引导学生运用英语思维来学习英语知识。所谓英语思维就是随时随地能用最简洁的英语，流利、纯正地表达头脑中所思所想，形成本能的、条件反射的思维方式。而英语思维能力的培养重在实践练习。通常情况下，如果缺乏英语思维训练，就会将读过或听过的英语信息翻译成母语，形成自己的记忆，并没有直接将英语存储在记忆中，这种思维方式对英语学习极为不利，这也是大多数中国人学习英语的一个障碍。所以，教师应鼓励和引导学生形成英语朗读习惯，对英语国家的语言进行模仿，形成语感，通过长期的努力会达到自然状态，也就是母语状态。同时，引导学生对所学单词、词组和句子进行分析、应用、评价和创造，发挥学生的创造力，答案不“唯一论”，这样对于学生的思维训练才能持久并且提高能力，才能帮助他们的语言归于实际生活运用。

本国文化导入英语教学。要想提高学生的英语应用水平，比较有效的方法就是导入本国文化。如今我国在国际上的地位越来越高，英语教学的目的是将本国文化传播到世界的各个角落，基于此，教师应积极转变教学观念，在高职英语课堂教学中将本国文化与西方文化进行对比，使学生摆脱思维的桎梏，明确文化差异，消除交流障碍，进而培养民族自豪感，提高的英语应用能力。这不仅有助于本国文化的传承和发扬，而且为高职英语课堂教学的顺利开展奠定了坚实的基础。

高职英语课堂教学中的文化导入有着至关重要的作用，能够激发学生的学习兴趣，提高学生的理解能力、创造能力和交际能力，为学生综合素质的全面发展创造了良好的条件。教师应采用先进的、现代化的教学理念和教学方法，大力引进信息技术，营造生动活泼的课堂氛围，使学生在轻松愉悦的环境中主动学习，从而保证高职英语课堂教学的实效性。

三、核心素养体系下的高职英语课堂教学

新课标对高职英语教学提出了更高的要求，教育部门越来越关注学生的素质教育。传统的高职英语教学受到多种因素影响，教学过程暴露出许多问题，学生的发展不够全面，影响高职英语教学的发展和进步。对此，基于核心素养的背景下，转变高职英语的教学方式对提高学生的综合素质意义重大。

（一）核心素养融入高职英语教学的重要意义

核心素养的意义。核心素养是国家教育部根据教育方针所制定的具体化理论，它在高职英语教学中有着十分重要的指导作用，可以说核心素养是高职英语课堂的灵魂支柱和核心思想。众所周知，教书重在育人，塑品德，辨是非。而国家教育部提出的核心素养理念明确表达出教师在学生各个学习阶段所应教给学生的理论知识和道德素质。因此，核心素养在教学之中具备核心的指导作用，能够有效地帮助教师做出教学判断，帮助学生在学习之中更好地成长，在成长之中不断丰富自我文化内涵。

从英语教学来看英语核心素养。素养这个词的含义十分广阔，它不是基本技能，而是所有技能的核心，它不只包含专业知识，也包含个人品德。“核心素养”更倾向于人的基本素质。无论是责任担当还是实践创新，都要求学生做到认识自我、发展自我。所以说，受到核心素养影响的高职英语课堂更注重对学生寻找问题、解决问题能力的培养，是符合高职英语课堂教学要求的。

（二）高职英语教学培养学生核心素养的重要性

高职英语教学中，培养学生的核心素养不仅能够加强学生的学习兴趣，提高英语课堂的教学质量，同时能引导学生形成正确的世界观、人生观和价值观。高

职英语教师在实际的英语教学课堂活动中应该转变教学观念，除教学生基本的书本知识以外，还需要将核心素养教育渗透在日常教学活动中，以便促进学生的全面发展和进步。

高职英语教学中培养学生的核心素养可以促进学生全面的发展，同时这也是我国教育进步发展的必然途径。现如今，我们对一个人的评价不仅是其知识水平的高低，还会以其素养的高低作为评价标准。高职英语教师应该充分认识核心素养教育的重要性，在教学活动中有意识地渗透核心素养教育，把核心素养教育当作高职英语教学中的一项基本工作。绝不能一味地追求课堂进度，忽视对学生核心素养的培养。

基于以上原因，随着我国教育体制的深化改革，高职英语教学以培养学生的核心素养为基础进行课堂教学的转变已经成为高职英语教学发展的必然途径。

（三）基于核心素养高职英语课堂教学方式转变的策略

坚持以学生为主的教学理念。核心素养要求教师认清学生才是校园教学的主体，核心素养要求学生能够在校园学习的过程之中实现全面发展、综合发展。就高职英语课堂而言，教师必须遵循以学生为本，建立和谐的高职英语教学课堂。现代很多教育理论提出，师生之间的互动是促进学生优化思维、培养专业能力的重要方法。学生在高职学习阶段依旧处于一种智力发展阶段，需要教师能够不断地引导和加强学生的学习意识与学习观念，帮助学生实现自主学习。教师与学生的和谐发展能够使师生关系和谐，使学校的人文环境更为浓郁。

学生学习英语知识不仅是知识储备的需求，更是一种情感和理解的需求。教师要能够充分认知到学生的情感需求，围绕教材设计符合学生情感发展的教学方式，依据学生的学习兴趣来研究教学方式和教学理论，这不仅适用于高职英语学科，对任何学科都是十分适用的。教师要充分认识到教师的教学目标和教学任务是引导学生学会认知、学会学习，只有这样，学生在未来的生活和学习之中才能够更好地发展。

1.培养学生说的习惯。很多学生的英语学习成绩很好，但性格内向和害羞，不敢说，不敢张口。英语是一门工具性学科，学会但不会说就等于没有学习。教师应鼓励学生多说，大声说，大胆说。根据调查研究显示，大声朗读能够促进神经兴奋，提高学生的记忆效果。因此，教师要能够时不时地与学生交流，让学生养成说的好习惯。

2.培养学生听的习惯。英语不仅要会说，还要会听。教师应培养学生听的习惯，让学生注重教师在朗读过程之中的口音、口型。只有听得准，学生才能够读得准。另外，随着听力考试在英语考试中所占据的比例不断扩大，教师教会学生听就更加重要了。教师要在每天早自习上要求学生读，要锻炼学生听，鼓励学生回家多看美剧，在长期的英语环境熏陶之下，学生最终会养成良好的英语学习习惯。

3.培养学生写的习惯。很多学生会写英语，但格式、字体、内容都有问题。教师要适当训练学生的写作能力，无论是字体、格式还是内容都需要加强训练，不能仅期望靠内容改变全篇作文，这显然是不现实的。只有综合能力足够优秀，作文才能够获得一个较高的分数。在未来的生活之中，学生很有可能用到英语，因此书写也十分重要，教师一定要培养学生良好的书写习惯。

在阅读中培养学生的思维品质。学生的思维品质是学生的个性特征，能够反映学生的创新、逻辑、批判等方面的水平和特征。长期的阅读能够帮助学生提高创新思维，加强逻辑表达，提升批判准确性。教师可以利用各个单元的阅读课设置部分问题，有目标地针对学生性格特征的养成进行提问。有意识地训练学生的思维品质，使学生在英语学习乃至其他学习中都能保持一种良好的学习品质。

教师在阅读教学活动之中应从多个角度寻找各种答案，让学生能够将语言与品质活动相互结合，有意识地调动思维能力，积极思考和解决各种问题。很多时候，文本教育提倡优秀品质的培养，在高职英语课文中也有很多个人素质的专题教育，教师可以让学生经常阅读甚至背诵这些课文，加强批判思维和判断思维，这对于学生个人品质的塑造有着十分重大的影响和意义。

总而言之，随着教育改革和发展，核心素养逐步走进课堂。发展学生核心素养逐步成为高职英语教学的重要目标和要求。教师遵循核心素养的指导能够规范自己的教学，完善教学认知，坚持以核心素养理论进行教学能够促进学生的全面发展。

四、教育生态学视角下的高职英语课堂教学

教育生态学是当前教育教学开展研究的一个全新视角，应通过运用教育生态学来分析高职英语课堂教学对学生学习发展、教师教学的重要帮助。为此，结合教学经验，站在教育生态学视角下谈谈如何开展高职英语课堂教学，旨在为学生

学习构建一个轻松、愉快、和谐高效的课堂，进一步提升课堂教学的有效性，推动高职英语健康发展。

随着经济全球化的快速发展，社会对英语人才的需求日益扩大，这就使英语在高职教育教学中占有重要地位。而如何提升高职英语课堂教学的实效性，为社会培养高质量人才，就是当前广大一线高职英语教师需要关注的问题。

（一）教育生态学基本定义与特征

大多研究者认为，教育生态学以生态学为基础，用生态思维及理论来研究相关教育教学问题，为教育教学发展指明前进方向，促使学生更好地学习与发展。而教育生态学的特征则主要有整体性、协同变化性及共生性。其一，整体性。教育生态学将课堂教学与学生学习默认为一个整体，首先是教师、学生、课堂、氛围等浑然一体，其次是教学主体与教学环境交互成为一个整体，最后是师生相互影响和谐为一个整体。其二，协同变化性。生态学认为，一个物种的发展变化必定会引起相关物种及生物链的变化，所以各种生物物种之间都是相互作用、相互影响的，而这种相互作用及影响就被称为协同变化性。同理，课堂教学中的各种教学因素也都是相互影响及作用的，如教师教学充满激情，学生学习也会更努力。其三，共生性。生态学认为，一种生物的存在是以另外一种生物的存在为前提，二者之间的关系是共生、共灭的。例如，在课堂教学中，假如课堂中没有学生，教师教学从何谈起？假如课堂上没有教师，学生学习也会无从下手。

（二）教育生态学与高职英语教学的关系

在素质教育理念不断深入人心的今天，构建轻松、愉快、和谐的英语课堂，一直是广大一线高职英语教师教学追求的目标，而教育生态学的出现就在某种程度上为高职英语课堂教学提供了一个全新的视角。从教育生态学教学理念来说，其教学理念主要以共生、整体、和谐及平衡为主，将这些教学理念合理科学地应用于高职英语课堂，既能为课堂教学带来一丝生机与活力，还能改变传统教学模式，激发学生的学习兴趣，调动学生学习的积极性。所以说，生态学视角下的高职英语课堂已经不再是单纯的教与学的关系，而是在一定程度上包含多个课堂生态因子的动态组合及协同变化。从教育生态学教学目标来说，在生态课堂教学环境背景下，如何将教学主体通过课堂学习或多因子互动转化成学生自身的学习能力，让学生在今后的教学实践中更好地学以致用，既是高职英语课堂教学开展的最终目的，也是教育生态学理念在开展课堂教学时的要求。所以在今后的教学实践中，高职英语教师应把握好教育生态学与英语课堂之间的关系，进而开展有效教学，帮助学生更好地学习与进步。

（三）教育生态学视角下高职英语课堂教学策略

对教育生态学视角下高职英语课堂教学现状来说，当前高职英语课堂教学应顺应素质教育，与时俱进地更新教学理念，善于结合教育生态学创设教学方法，在构建高质量英语课堂的同时提升学生学习质量。

1.构建以生为本的生态化英语课堂

教育生态学意义上的高职英语教学是一种非弹性行为，重在营造轻松、民主、和谐的课堂教学氛围，让学生主动积极地参与课堂学习活动。为此，在高职英语课堂教学实践中，英语教师应善于创新教学模式，让学生尽其能、尽其言，有效地提升课堂教学活动，推动学生更好地学习发展。例如，在日常教学实践中，由于每个学生英语学习基础与水平不同，教师就可以将学生隐性分组，暗中按照学生不同学习能力将全班学生分成高、中、初三级，推动学生共同发展进步。

例如，在“Unit 1 Freshmen”教学中，可以借助隐性分层将全班学生分成若干小组，让学生结合课文排练一个小型情境剧，旨在通过情境剧锻炼学生口语，让学生敢说、爱说。因为教育生态学认为，每个生物个体（学生）都有自身的生态位，每个生态位都有自身的优势。作为新时代背景下的高职英语教师，应善于帮助学生发现自身优势，进而引导学生参与团体互动。由此，不仅让每个学生都参与课堂活动，还在一定程度上给予学生相互交流、沟通的机会，进而实现“关心每一个学生”的教育生态学观念，让每个学生都能够在原有的基础上有所进步。

2.提升英语课堂生态系统承载力

所谓生态承载力，指的是在某种特定情况下，某种个体（学生）存在树立的最高极限。在当今社会环境背景下，任何生态系统都存在一定的承载力问题，其承载力既是客观又是可以改变的。因此，这就要求高职英语教师应站在教育生态学的角度，采用有效的方式提升课堂生态系统承载力，让学生以更好的状态参与英语学习。

例如，在教学内容方面，可以根据教学大纲设计具有生态性的教学内容，如提出问题展开小组讨论，这样既能增强学生课堂注意力，还能够营造良好的教学氛围，进而消除因班级人数较多带给学生心理上的一种焦虑感，推动学生共同学习进步。同时，为改善高职英语教师与学生严重失衡问题，在日常教学实践中，依据平时成绩和期末考试的占比水平，强调学生在学习小组讨论中的重要性，根据学生在课堂上的讨论过程和最终呈现情况，给予每个学生及时的持续性评价，让高职英语教学成为一个真实性的互动课堂，使全体学生都能参与其中，沉浸其中。

3.确定可持续发展的生态教学目标

在教育生态化视角下，高职英语课堂除了要教会学生基础知识，更要关注学生全面发展，这就要求高职英语课堂要先制定能够促进学生可持续发展的生态教学目标，即以学生生命发展为课堂主旨，引导学生寻求更新、更持久的英语学习动机，激发学生学习兴趣，调动学生课堂参与度，让学生主动积极地投入课堂学习之中，促进高职英语课堂可持续发展。

例如，在高职英语“Unit 4 Advantages of Learning English”教学中，首先引导学生思考英语学习的重要性，帮助他们分析英语在个人教育乃至职业生涯中的深刻影响，加强学生英语实际运用能力的关注及培养。不以学生学习成绩为衡量其学习能力的唯一标准，鼓励他们在课上和课后的点滴进步，慢慢提升学生口语表达能力，为学生成长发展之路夯实基础。这就要求高职英语教师应顺应新课改、新要求，更新教学理念，正确、客观地看待考试及学生成绩，并将考试日标与教学目标进行有机结合，实现以考促学，进一步提升学生英语综合能力。由此可知，只有进一步确定可持续发展的生态教学目标，才能更好地开展高职英语教学，有效提升课堂教学效率，促使学生进步。

综上所述，教育生态学视角下的高职英语课堂教学无论对学生学习还是教师教学都有重要的促进作用。为此，本节主要从以上几个方面展开探究分析，希望通过多元途径帮助高职英语课堂开创更美好的未来——构建高质量课堂，提升学生学习能力。但教育生态学下的高职英语有效课堂构建并非一朝一夕就能完成的，这就需要英语教师积极顺应新课改、新要求更新教学观念，创设有利于学生学习发展的教学方法，建立一套动态、平衡、整体、可持续发展的高职英语课堂。

第二节　高职英语课堂教学的实践应用

一、订制化教学在高职院校英语课堂中的应用

订制化教学以学生为主体，教师可从教学目标、教学手段、互动模式和评价方式等方面入手，根据实际情况设计出符合各群体学生特点的教学方式，从而提高高职院校英语课堂教学效率，助力大学英语教学改革。

随着社会的发展，当今时代的人们越来越注重个性，"可订制"一词随处可见。我们的学生也是一群追求个性和独特的群体，因此，在英语教学中，如果再沿用过去的标准化模式，既不能顺应现代社会的潮流，也违背了"以生为本"的教育理念，需要进行一定的教学改革。

所谓订制化教学，指以学习者的个性差异为基础，以学习者的个性发展为目标，通过教师订制化的教来满足学生个性化的学，最终达到学生的个性化发展与综合素质共同提高的目标。作为一门公共必修课，高职院校英语课程受众面很广，而不同专业的学生对英语的职业需求是不同的。即使是同一个专业、同一个班级，学生的英语水平也是高低不均的。如果继续沿用过去全班一个标准、各专业一个模式来进行教学，势必影响学生的学习兴趣和教学效果。那么，尊重学习者个性差异的订制化教学改革在高职院校的英语课堂内可以一试。

（一）订制化的教学目标

高职院校注重与企业订单式合作。此类订单班在实施过程中，不仅应重视专业课程的设置要符合企业需求，还应把英语与企业的需要对应起来，设置订制化的大学英语教学目标。今后学生在工作中会遇到什么场景、展开什么交流、需要什么英语技能，将这些思路梳理清楚后，制定出符合本专业的教学目标。这样，在教学中将统一标准与订制化目标结合起来，势必会收到较好的效果。例如，酒店管理专业，特色鲜明，该专业学生毕业后使用到英语，尤其是口语的概率非常大。因而在教学目标的设计上，就应特别强调学生的情境操练：如何接待顾客、

怎样与他人交流等。而学习汽车检测与维修专业的同学，口语方面则可做略低要求，而应在教学目标中强调学生对汽车或设备零件的英文书写的熟悉程度。这种订制化的教学目标明确、可执行，并且尊重了各专业学生之间的差异。

（二）订制化的教学手段

课堂教学的主体是我们的学生，但所谓千人千面，学生在英语教学中的表现也是各有差异。如果不尊重这种差异，而用刻板统一的手段进行教学，势必出现优生吃不饱、“后进生”吃不消的局面。所以，针对特别群体学生的、由教师订制的教学手段就显得尤为必要了。现在的教学“鼓励教师建设和使用微课、慕课，利用网上优质教育资源改造和拓展教学内容，实施基于课堂和在线课程的翻转课堂等混合式教学模式，使学生朝着主动学习、自主学习和个性化学习方向发展”，所以针对云计算技术与运用、计算机网络技术等专业的同学，我们不妨呼应现今“互联网+时代”的主题，在大学英语教学中引入慕课、微课等模式，能让学生产生共鸣且提高学习兴趣。

（三）订制化的互动模式

大学英语课堂上可用的互动模式很多。以往的教学中，许多教师基本在每一个班级都推进同样的互动模式。但这样做忽略了学生的特性和个性，针对不同的授课班级和对象应有不同的互动模式。例如，会计专业的同学普遍英语基础较好，那么在教学中可大胆采用由学生来讲课。授课成员内部在准备的过程中形成一个学习共同体，在讲课过程中，听课学生通过用心去听，提出意见挑战权威，又形成一个学习共同体，不同的共同体在这个过程中相互碰撞擦出火花，有了思辨的过程，学生的学习效果也会比较理想。而对于其他英语基础较差的专业，这样的互动模式就不太适合，可能会造成课堂混乱，学习效果大打折扣。

（四）订制化的评价方式

评价是教学中非常重要的环节之一。现如今的高职院校英语教学评价方式已经有了很大的进步，评价方式越来越多样。但在实际操作过程中，对同一个教学内容而言，我们给出的评价标准是唯一的。例如，在某评分标准中规定，优秀是指能流利阅读关于订餐的对话并就订餐时间、地点、人数、联系电话进行改编。

这个标准对于英语基础好的同学来说，达到优秀并不算难。但对于那些来自少数民族地区的学生来说，可能就太难了。我们在制定评价标准时，是否可以为这类学生订制一套简单一点的方案，给他们学习的信心呢？

订制化教学尊重学生的主体性，让学生的思维、能动性、情感等得到立体的发展。教师应作为知识分享者、技能传授者、个性塑造者参与其中。从教学目标、教学手段、互动模式和评价方式等方面为不同的学生量体裁衣，帮助他们提高学习效率，为我们的高职院校英语教学改革增添动力。

二、高职英语课堂教学中师生互动模式

在英语课堂中，通过师生互动，为学生的英语学习提供了丰富的信息接收渠道，是构建新型课堂的必然选择。

在经济的迅速发展下，我国市场与国际市场实现了全面接轨，各个行业对于从业者的英语能力要求也越来越高，学好英语对学生的就业、发展均有重要意义。在高职英语课堂教学中，促进师生之间的有效互动，符合教学改革的要求，也能够显著锻炼学生的综合能力。

（一）高职英语教学面临的现实问题

高职院校的生源复杂，英语基础能力也参差不齐，有的来自职高、中专、技校，有的来自普通高中，这类学生在中学阶段，大多没有养成良好的习惯。有的学生认为，以后从事的工作更加注重操作性和应用性，因此对英语学习的重视度也不高。在教学方式上，部分学校学生之间的互动不足，在大班制的教学模式下，难以兼顾到各个层次学生的学习需求，这就导致水平高的学生吃不饱、水平较差的学生跟不上学习节奏。

（二）高职英语课堂教学中师生互动模式的应用

1.互动的必要性

互动教学是基于建构主义理论诞生的，由著名的心理学家皮亚杰提出。该种理论认为，在学习活动中，学生既属于认知主体，也是知识的主动构建者。在学习活动中，学生不能被动地简单接收信息，而是要主动来完成知识的建构，在建构过程中，要将学习内容和自己已有的知识相结合，并通过主动思考来产生新

知。而作为教师，在这一环节中，是学生的合作者或者伙伴。教学活动不能忽视学生已有的经验，也不能强行灌输，而是要引导学生在原有的知识经验中学习新知，为了达到这一目的，需要将互动贯穿在整个学习活动中，通过师生和生生之间的互动，做到“以学生为中心”，通过会话、情境等方式发挥出学生在英语学习活动中的主观能动性。实践证明，利用互动教学，能够让学生对语言材料的内涵有深入理解，在与同伴的讨论和对话中更好地实现输入和输出。

2.互动模式的应用

（1）提问

根据建构主义理论的要求，教师应该是学生学习活动的促进者和帮助者。在互动中，教师同样发挥着重要的主导作用，在新知识的教学上，可以根据教学内容来设置问题，通过疑问来激活课堂，在学生的知识能力得到提升之后，再逐步增加提问的难度，设置一系列的开放性问题，引导学生主动表达。提问是一种最显著的互动方式，通过提问，让课堂氛围活跃起来，提高学生的参与积极性，为后续教学环节的顺利开展奠定基础。与其他课程相比，英语是一门典型的语言类课程，对互动的需求也更加迫切，语言交际能力的锻炼和培养，只有在真实的互动环境中才能实现，课堂提问为学生创设出了良好的语言交际环境，通过这种互动方式，可以大大强化学生的语言交际能力和表达能力。

（2）合作探究

如果说课堂提问是为师生之间创设互动机会，那么合作探究就是为学生的互动提供机会。在英语课堂上，根据学生的兴趣、爱好、组间差异来划分小组，以小组作为学习单位，共同来完成交流活动和学习任务，这就是英语教学中常用的合作教学模式，也是建构主义理论下常见的教学方法。小组活动的形式是多种多样的，可以要求学生完成角色扮演、讨论某个难点问题、操练语言、举办辩论赛等，只要是能够引起成员共鸣的内容，都可以作为合作教学的任务。合作任务的答案往往是开放性的，没有统一的答案，只要小组成员言之有理，都值得鼓励。在小组成员互动的过程中，教师要进行全程把控，避免出现讨论流于形式的问题，引导每个小组成员来分配角色，沟通信息与思想，在他人表达时能够积极倾听。以我们常用的角色扮演法为例，对于高职学生而言，他们对于这种丰富趣味的互动形式非常感兴趣，由小组成员选择不同的角色在课前排练，在课堂上进行统一会演，这可以有效地锻炼学生的思维能力，也能够在班级中营造出竞争、团结、合作的氛围。在小组合作的过程中，学生之间是合作关系，大家相互帮助，提高信心，增长才干。

（3）线下互动

在高职教学中，我们的英语课堂教学时间并不多。基于此，有必要将互动模式从课堂上延伸至线下，如今，互联网技术发展迅速，各种社交平台已经普及，英语教学与现代信息技术也实现了深度融合，为我们的线下互动提供了很好的环境。例如，可以借助大学生英语学习平台，在平台中交流学习资源，学生可以很便利地搜索信息、提交作业、发送邮件、下载微课视频等，教师则为他们提供答疑指导和监督的功能。此外，师生之间还可以借助微信、QQ、微博、电子工号牌等方式来开展互动，对于学生自己难以解决的问题，由教师为他们提供辅助。

在英语教学活动中，重视互动环节是以学生为中心的重要体现，也是高职英语教学活动中需要关注的一个主流教学模式。除传统的互动模式外，我们还倡导大力推行线下互动的形式，为学生提供多元化的指导，改善他们的英语学习环境，提高学生参与英语学习的积极性和主动性，为学生创设良好的自学空间，培育企业所需的综合型人才。

三、原声电影教学在高职院校英语课堂中的应用

以克拉申二语习得理论为指导，充分利用多媒体、原声电影、网络资源，将语言教学的重点放在语言学习与语言应用的结合上，在实践教学中采用“原声电影+多媒体教学+课内外实践”的模式，探索高职院校英语新的教学方法，探索新时代新课程设置下的语言习得和文化习得的策略，从而提高课堂教学质量和课后学习效率。

近几十年来，随着英语教育的飞速发展，我国的高职英语教育已经改变了旧有的格局，很多教育工作者在积极、努力地探索应用型、复合型人才培养的教学方法。原声电影教学方法因具有为学习者最大限度地提供真实的语言学习环境，并丰富学习者历史、文化知识等多种优势而备受关注，已有不少学者在这方面进行了有益的探索与实践，将英语原声电影教学法引入大学英语多媒体教学的课堂，发现此举能激发学生的学习兴趣，可以取得不错的效果。

（一）理论依据和现实依据

克拉申提出的二语习得理论主要由习得-学习假设、监察假设、自然顺序假

设、输入假设和情感过滤假设五部分组成，其中“习得-学习假设”和输入假设这两个核心理论与情感过滤假设明确指出，在英语听说教学过程中，必须通过足量的可理解语料的输入，让学生形成一种语言思维，促进语言的习得，且在这个过程中要注意对学生学习积极性的培养，用积极的态度来减少情感过滤对语言习得造成的消极影响。在这个过程中还要注意，语言输入不等于语言吸收，只有当学生真正地把可理解性语言的输入消化吸收之后，通过语言输出才能达到教学目标，也就是语言能力的提高。而原声电影展现真实的英语交际场景，给学生提供了丰富的交际语言输入，因此，在高职院校英语课堂中可以利用原声电影资源，通过合理地选取教学内容，实施原声电影教学，以寓教于乐的形式进行英语视、听、说训练，从而激发学生的学习兴趣和积极性，使他们在轻松自然的状态中耳濡目染交际英语，达到外语习得的目的。

（二）英文原声电影在高职英语教学中的作用

激发学生的学习欲望和学习兴趣。兴趣是最好的老师，学习任何课程都必须以兴趣为前提。英文原声电影给学生提供了极具视觉冲击力的影像。其声情并茂，将语言信息和具体的特定场景结合起来，使学生在课堂上面对的不再只是枯燥的英语单词和语法结构，而是生动形象的画面，从而大大激发学生上课的热情和学习英语的兴趣，使语言学习成为一种精神享受，学生因此充满主动性和积极性。

促进学生的听力水平和表达能力。英文原声电影为学生创设了真实、轻松的语言环境，使他们身临其境地体会不同的交际场景，感受原汁原味的英语并全面提高听说能力，因为英文原声电影集声音与图像于一体，其作用远比单纯的语音听力材料大得多。电影中的对白简洁、地道、生动、形象，学生能够学习到大量口语化的词汇、语句等，真正掌握现实交际中英语的表达形式，提高自身的英语水平。在图像、情节等电影元素的烘托下，学生更能感受到其对白的魅力。学生在观看电影的同时，能学会一些常用的生活用语及一些词汇的用法和搭配，还能在潜移默化中感受到正常交往中的语境及语速，从而大大提高自身的听力水平和口语表达能力。

提升学生的文化素养和交际质量。声情并茂的英文电影是一个国家或地区的文化背景、风土人情等方面最直观、最生动的综合反映。将英文电影引入英语学习的课堂中，可以让学生在欣赏电影的同时，置身于真实的英语环境中，受到英语文化的熏陶，从而提升其文化素养及跨文化交际的质量。英文原声电影是内容最全的英语听说百科全书。通过原声影片，学生可以更生动全面地了解与课文所学相关的英语国家的地理历史、生活方式、风俗习惯、语言风格、道德观念、文化教育等，克服、避免学习中的认识偏差，从而进一步加深他们对英语这种语言的整体理解和掌握。

（三）原声电影教学的择片原则

电影语言包罗万象，反映的文化十分丰富，教师要不断补充新知识才能为电影语言的精讲注入活力，因此，教师一定要注意挑选内容健康、语言含量适当、发音清晰、语速适中及内容贴近学生生活的影片。

1.适合原则

并非所有的英语电影都适合学生观看并有助于英语水平的提高。教师在选择用于教学的英语影片时，须针对学生的英语水平，选择难易程度适中的影片，要注意以下三点：其一，影片内容要健康，具有一定的教育意义；其二，影片的发音须纯正清晰；其三，影片的难易程度应大体与学生的英语听、说水平相一致。因为根据克拉申的观点，外语习得是通过吸收大量的“可理解输入”而获得的。“可理解输入”是指“语言输入需要略高出学习者现有的语言能力，学习者通过一定的语境能够理解语言材料”。因此，输入的语言材料不宜过难或过易，以确保学生的英语应用水平循序渐进地得到提高。

2.主题相近原则

主题相近原则是指电影的主题应当与大学英语精读课本中某个单元的主题相近，这样不仅能深化学生对课本主题的理解，而且能使学生加深对该单元讨论的话题的理解，让学生更加深刻地理解电影所传达出来的主题和所蕴含的文化内涵。比如，在上“大学生活”这一主题单元时，教师可以让学生观看《律政俏佳人》这样一部贴近学生大学生活的青春校园片，因为影片里面有课堂、餐厅、电话、演讲、聚会等学生熟悉的场景，影片中的对话和台词能起到提高日常口语表达能力的作用。

3.精泛结合原则

语言运用能力不是教出来的，而是随着时间的推移，学习者通过接触大量的可理解输入之后自然形成的。为此，教师应让学生涉猎各种题材的电影，接触原声电影，更多地感受影片中的文化艺术氛围，了解影片中的文化背景，适应各种人物的语言，增加可理解性输入，开阔视野，且满足对知识的渴望。对于一些经过锤炼的语言、演员发音纯正的影片或某个片段，可让学生反复地观看和赏析，如《阿甘正传》《白宫奇缘》《律政俏佳人》《当哈里遇见莎莉》《克莱默夫妇》等。

（四）实施步骤

1.课堂中

第一步：找一部语速适中、内容合适的电影。这里以《夏洛特的网》为例。

第二步：让学生先看电影前五分钟的内容。

第三步：从头开始，利用暂停键，一句一句暂停，或者半句半句暂停，一边暂停，一边讲解中文意思，然后每一句话教师领读一次，学生跟读三遍。

一开始的学习还是要多花费一些时间，因为一句话有多个单词，学生很有可能有多个单词是从来没见过的。所以不仅要提示整句话的意思，还要对每个单词进行分别提示。无论是整句话的提示，还是单词的提示，都要反复进行，教师一定要有充分的耐心和细心。

在讲解的过程中，教师尽量按照原文语序，同时，每个单词尽量单独解释。

单词的解释仅限于本句的理解，只须简单提示就足够了。不要为单词解释花费太多的时间，一个单词千万别做横向的解释，如in the room在房间里面，in time及时。对于台词中出现的语法现象也是如此，但是在翻译中要尽量体现出语法意境。

第四步：反复跟读。五分钟的内容，一句一句地学完，有可能需要两个课时。

第五步：将正在学习的内容编辑成音频资料发给学生，要求学生作为背景音乐找零散时间反复听。

2.课后

看完影片后，教师应该积极组织学生进行一些与影片内容有关的教学活动，趁热打铁，以便及时巩固和提高学生的语言技能。

小组讨论。教师可以提出关于影片内容的一些有争议的观点或者撷取电影中的某个案例，要求学生进行分组讨论，然后选派代表发言。

角色扮演。对于电影中的某些精彩的片段，可以要求学生模仿或者改编，然后在课堂上进行角色扮演，如动画片《熊的传说》。

听写。对于电影中一些经典台词，也可以重放，要求学生做复合式听力和多次跟读，这样可以提高学生对语言知识点的理解和记忆。

影评或观后感。在课堂上选择进行以上的教学活动后，教师可以要求学生针对所观看的影片写作影评或观后感。

教师点评。在进行了这一系列的教学活动后，教师非常有必要对原声电影英语教学的过程进行总结点评，对于英语课程教学中的预期目标是否达到加以说明，指出学生在原声英语电影教学中的不足之处，鼓励学生再接再厉。

原声电影教学是新形势下传统的因材施教原则在英语教学中的灵活运用和发展，是素质教育理念在英语教学中的实践。教学模式的改革是一项复杂的系统工程，是一个艰苦的探索过程，本节从其中一个角度进行了高职英语教学的研究、探索和实践，以期起到抛砖引玉的作用。

四、翻转课堂在高职院校英语教学中的应用

当今时代信息技术飞速发展，这些新技术也对教育产生了重大影响。翻转课堂教学理念源于国外，与传统的教学模式有很大的差别，作为新兴的教学方式近年来被众多的国内教育人士所知晓并青睐，掀起了一股教学改革的热潮。

在现代科学技术高度发达的今天，信息化教学已经广为人知。学生获取知识的途径也多种多样，单一的教学方式注定会被淘汰，这对教师教学也提出了新的要求与挑战。如何跟随时代的发展，借助先进的技术，将其运用在教学中，提高教学质量，是目前大家研究探索的重点。翻转课堂作为新的教学模式，受到了教师和研究人员的热捧，并不断地被运用在教学改革中。因为翻转课堂教学模式与传统的教学模式差异甚大，切合目前“以学生为中心”的教育理念。通过对课堂、对学生和教师角色的翻转，能够真正地实现把时间还给学生，提高学生的自主学习能力和学习的热情。然而，对于翻转课堂在具体课程中的运用，我们必须结合课程的特点、教师和学生的情况来具体分析。

（一）翻转课堂的特点

翻转课堂的出现可以极大地改善目前面临的困境，它的特点主要体现在以下

三个方面：首先，在课堂组织方面，翻转课堂颠覆了传统的教学模式，不再是以教师为主的课堂讲授、学生课后复习的被动接收模式，而是要求学生课前自己通过各种途径梳理教学内容，借助视频等网络资源自主学习，课堂的重点不再是教师教授，而是小组讨论汇报，教师答疑。其次，翻转课堂翻转了教师与学生的角色，教师不再是传统的知识传播者和课堂主导者的形象，不再是教学的中心和焦点，而是教学过程的策划者、组织者和推动者。学生也翻转了角色，成了课堂的主角，主动地参与到课程内容的学习中，主动地吸收和内化知识，真正实现了从被动接受知识到主动学习知识的转变。最后，在教学资源和手段方面，翻转课堂不再拘泥于传统的书本和PPT，不再照本宣科，而是借助信息化技术和多媒体视频，依托微课视频和慕课等方式来联合教学，形式更加丰富灵活，也更受学生的欢迎。与传统的教学方式相比较，翻转课堂的确有很多的优势，尤其是在“以学生为中心”的教育理念指导下，翻转课堂能够最大限度地激发学生的学习兴趣，培养学生自主学习、分析问题、解决问题的能力。

（二）翻转课堂在高职英语教学中的应用

“如何翻转？”这是最重要的一个问题，结合翻转课堂的特点和高职英语课程的具体情况，本节将从以下几个方面做翻转课堂教学改革的探索和尝试。

翻转教师和学生的角色，以学生为中心。翻转课堂源于国外，最初是以视频的形式被人们所了解。所谓“翻转”，就是互换角色、互换位置。翻转课堂的首要任务就是要翻转教师和学生的课堂角色，让学生成为课堂的主导者，真正做到以学生为中心。课堂的设计分为课前、课中和课后三个部分。借助网络学习平台，教师将每章的内容录制成视频，并将这些视频与教案、PPT和习题一起发到网上供学生自主学习，网上学习平台的先进系统还可以使学生之间相互交流讨论学习内容，进行知识的交换和答疑。通过这种方式，学生学习更加自由和舒适，可以边喝茶边学习，边听音乐边学习。同时更加有选择性，不懂的地方可以多看几遍，简单的地方则可以快进略过，既节约了时间，又提升了学习效率。课堂中，教师和学生的角色也进行了翻转，教师不再是课堂的主导，而是辅助；学生不再是被动地接受知识，而是主动地吸收。课堂上学生通过各种方式，或个人汇报，或小组讨论，将课前自己学到的知识进行梳理汇报，相互交流，然后由教师点评，指导答疑。课后，学生还可以再次通过网络学习平台观看视频，巩固知识，交流经验。通过这样一种角色的翻转，教师课堂讲授的时间减少了，工作量下降了，但学生的学习效率却提高了，学习主动性增强了。

翻转教学地点，开拓多课堂教学。相比传统的教学方式，翻转课堂是一次颠覆性的教学改革，是从教学的各个角度、各个环节进行彻底的改变。因此，翻转课堂需要翻转的不仅仅是教师与学生的角色、教学的内容，还有教学的地点。在翻转课堂教学模式下，教学地点不再拘泥于教室课堂，而是可以进行多种教学地点的探索，开拓除教室之外的第二课堂、第三课堂等。根据教学地点的不同，教学内容的侧重也应当有所变化。教室作为传统的、最普遍的第一类教学地点，有着它独特的优点，教室中完善的教学设备可以很好地辅助教师教学，它适用于理论、书本知识的讲解与传授。第二类则是校内的实训实验室，如口译实训室、语言实训室、翻转课堂实训室等。这些实训室除常见的教学设备之外，还有先进的根据教学任务打造的专门用途的教学仪器，主要用于学生的实训，以及具体的语言技能的训练。

在信息化时代的今天，各种教学改革都在齐头并进。目前，国内越来越多的教师逐渐意识到我们传统的教育模式的不足，提出了“以学生为中心”的教育理念，以学生为中心就是要提高学生的课堂参与度，让学生真正融入教学环节中。翻转课堂作为新的教学模式正符合这一教育理念，应当大力推进。高职院校英语应顺应时代潮流，通过翻转教学内容、教学方式、教学地点等方法，切实提升教学质量，提高学生的语言交际能力。

第六章　高职英语任务型教学法与实践

任务型教学法兴起于20世纪80年代，是以“以学生为中心，从做中学”的教学模式。任务型教学颠覆传统的自上而下的教学方式，能够有效激发学生的学习兴趣和学习积极性。目前，任务型教学法是外语教学实践者广泛认可的外语教学方法。基于此，本章将分析在高职英语教学中，构建和应用任务型教学模式的时候需要遵循的原则，并探讨在高职英语教学中，构建和应用任务型教学模式的具体措施。

第一节　任务型教学法的理论基础

一、任务型教学法的学习论基础

（一）建构主义理论

传统观点认为，学习是事实的积累或技能的发展，而建构主义的基本假设是个人积极参与个人意义的建构。换句话说，每个人都对周围的世界和经历有自己的看法。建构主义认为学习是一个主动的过程，包括学习者的经验、思考、发现和创造。知识是不能被别人接收或发送的，学习者自己可以基于以前的知识和新知识建立联系。最早提出建构主义观点的是瑞士心理学家皮亚杰，他认为认知是一种以主体已有的知识和经验为基础的主动建构，这一观点也是建构主义的核心观点。

建构主义的学习观可以概括为以下四点：

1.学习的本质是学习者在自身已有的经验与知识基础上进行知识建构，而不应简单地理解为教师把知识传授给学习者。

2.学习的过程是学习者通过新旧知识、经验间的反角的、双向的相互作用建构意义的过程，而不是简单的“刺激—反应”过程。

3.学习不是一个简单的量的累积过程。在学习过程中既有认知结构的扩充（同化），也有认知结构的改变（顺应）。

4.学习不是独立的个人行为，而是学习共同体的行为。任何学习行为都不能离开社会文化的整体大环境。

根据上述观点，建构主义主张以学生为中心，在整个教学过程中由教师起组织者、指导者、帮助者和促进者的作用，利用情境、协作、会话等学习环境要素，充分发挥学生的主动性、积极性和首创精神，最终达到使学生有效地实现对当前所学知识的意义建构的目的。建构主义提倡以下四种教学模式：

1.随机进入式

对于同一教学内容，随机进入式主张通过不同的教学途径和方法，在不同的场合，针对不同的目标，开展不同的教学活动，以使学习者对于教学内容获得全方位、多侧面的理解和认识上的飞跃。

2.支架式

支架式教学是以苏联著名心理学家维果茨基的“最近发展区”理论为依据的。[①]教学应从学习者潜在的发展水平开始，不断创造新的“最近发展区”，通过支架作用不停地将学生的智力从一个水平引导到另一个更高的水平。在教学活动中，应该将复杂的任务分解为若干小任务，从局部到整体，由简到繁，帮助学习者逐步建构起对于教学内容的全局性、整体性认识。

3.抛锚式

学习者要想完成对所学知识的意义建构，达到对事物的性质、规律，以及该事物与其他事物之间联系的深刻理解，最好的办法是让学习者到现实世界的真实环境中去感受、去体验（通过获取直接经验来学习），而不是仅仅听别人（如教师）关于这种经验的介绍和讲解。抛锚式教学就是在教学中由实例切入，以真实事例或问题为基础，引导学习者分析事物的本质和相互关系，由表及里，举一反三，并培养学习者分析问题、解决问题的能力。

4.自上而下式

“自上而下式”是直接展示整体任务，指导学习者解剖对象、分解任务、认识事物内部的网络结构，并培养学习者分析问题、解决问题的能力。

① 史中慧．任务型教学法与高职英语课堂实践 [M]. 中国财富出版社 ,2019.

建构主义认为学习不是一个知识量的简单累积的过程，这与第二语言习得理论关于“中介语发展不是一个简单的直线发展和知识积累的过程”的观点相一致。建构主义者认为，在学习的过程中新经验的介入会使原有知识发生改变和调整，因此，学习包含新旧经验的反复交互作用。可以说，学习不是简单的反复训练、被动吸收和记忆的过程，而是以原有的经验和知识为基础，通过个体与环境的双向作用主动建构意义的过程。学习是学习者主动参与才能完成的活动。

（二）建构主义理论与任务型教学法的关系

任务型教学法强调激发学习者在完成任务的过程中，也就是运用语言的过程中学习语言的运用，这正符合建构主义关于学习的本质是知识的主动建构而非被动传授的观点。任务型教学法强调激活学习者的已有知识结构和认知图式，这与建构主义关于学习是新旧知识经验间的反复的、双向的相互作用过程的观点一致。因为任务是对真实交际的模拟，任务的设计和选择建立在学习需求的基础上，所以任务必然容易激活学习者已有的知识结构和认知图式，并激发学习者对新知识、新信息的渴求。在完成任务的过程中，学习者实现了自身知识的“重组”与“构建”，而新知识构建的成功，会促使学习者更加积极主动地运用语言，从而加速语言信息的内化。

建构主义认为，学习成果是个人经验的直接结果。学习与人们对自己的感觉密切相关，这种感觉发生在社会环境中，通过与他人的互动实现。任务型教学法的核心是“以学习者为中心”和“以人为本”，其哲学、心理学的依据是建构主义。首先，建构主义学习理论强调以学生为中心，认为每个学习者都是在自己已有经验的基础上以其特别的方式建构知识，因此，相互交流能促使每个学习者从多个角度来建构知识，通过协作学习，学习者检验和修正自己的理解并使之符合客观规律。其次，建构主义强调语言教学的情境性和合作性，教师应该根据学生的情况和特点设计适合学习者水平的学习材料。

在采用任务型教学法的课堂上，学生以对自己有意义的方式学习，往往采用分组活动、集体讨论等形式，感觉能控制自己所学的内容。另外，任务型教学法强调教学活动中的互动，学生通过与教师的互动了解任务要求，通过与其他同学的互动在小组内部进行交流，从而完成任务。互动是有目的的，在互动中，学习者通过积极参与、意义协商来促进语言习得。任务教学使学生在学习中用新的内容，修改他们以前的语言知识，即从学习者潜在的发展水平开始，不断创造新的“最近发展区”，通过支架作用不停地将学生的智力从一个水平引导到另一个更高的水平，促进他们语言学习的进步。

（三）杜威的“从做中学”理论

1900年，美国著名实用主义教育家杜威在批判传统学校教育的基础上，提出了“教学合一”的教学理论基本原则。[①]杜威以实用主义的认识论作为教育理论基础，提出了“以学生为中心，从做中学”的教育模式。他认为，最好的教育就是“从生活中学习，从经验中学习”。“从做中学”也就是“从活动中学”“从经验中学”，它使学校里知识的获得与生活中的活动联系起来。因为人们最初的知识和最牢固地保持的知识，是关于怎样做的知识，所以教学过程应该就是“做”的过程。如果没有“做”的机会，那必然会阻碍儿童的自然发展。儿童生来就有一种要做事和要工作的愿望，他们对活动具有强烈的兴趣，人们对此要给予特别的重视。儿童能从那些真正有教育意义和有兴趣的活动中学习，这有助于儿童的生长和发展。

但是，儿童所“做”的或参加的工作活动并不等同于职业教育。杜威指出，贯彻“从做中学”的原则，会使学校对它的成员的影响更加生动、更加持久，并含有更多的文化意义。他主张教育的中心应从教师和教科书转到学生，教学应引导学生在各种活动中学习。词汇和语法都是为“做事情”或“完成任务”服务的，课堂上教师的任务就是在语言运用的活动中把词汇、语法和功能项目有机地结合起来。

通过对有关任务型教学理论的探源，我们从这些理论研究中不难发现，它们强调的都是“交际”“意义”“真实”“做事”。这是任务型语言教学最核心的词语和最主要的特点。

（四）社会文化理论

社会文化理论是教学语境中语言习得研究的一种新方法。这种方法挑战了当前盛行的心理语言学传统，这种传统主导着对语言课堂中形式的研究。它基于苏

① 刘阳．杜威的“做中学”教育思想对英语教学的启示 [J]. 北方文学 ,2017,(15)：247.

联心理学家维果茨基的理论。[①]维果茨基将语言视为一种社会工具、一种认知工具。通过这种工具，人类能够改变自己生活的世界。

维果茨基提出了三种管理或完善个人言语行为的规则：

1.对象调节：一个人的言语行为是由环境直接控制的。

2.他人调节：一个人的言语被另一个人控制。

3.自我调节：演讲者的讲话是用来控制自己和他人的。自我调节是一种成熟的语言能力。

维果茨基框架下的第一语言习得研究表明，可感知的自我调节是通过对象调节来实现的。在对象调节中，说话人被置于交际环境，说话人会得到指令或反馈。当自我规制不是自动的时候，求助于对象规制和他人规制是有益的。维果茨基还认为，接触第一种语言或第二种语言的模式基本上与知识的传递是一样的。当学习者有机会与其他使用这种语言的人交流时，他们就能够用这种语言执行自己所无法执行的功能。随着时间的推移和实践，他们将这些功能内化，学习从内在到内在的思维，就像学习者从客体和其他调节到自我调节一样。

任务型教学法让学习者通过小组活动和互动来进行对象调节，以及通过从更先进的同学和教师那里得到的反馈，进行他人调节。这样，就可以在一定程度上进行自我调节。从这个角度来看，我们可以得出这样的结论：任务是引导学习者进行某种信息处理的装置，而这种信息处理对于准确地使用语言、有效地习得语言非常重要。

二、任务型教学法与交际型教学法

任务型教学法是20世纪80年代，以交际教学思想和第二语言习得理论的研究和实践为基础，形成的一种语言教学理论。任务型教学和交际教学思想密切相关，可以说任务型教学法是以交际型教学法为基础，在交际型教学法的体系下发展而来的。没有交际型教学法就不会有任务型教学法，任务型教学法和交际型教学法一脉相承。

（一）交际型教学法

交际型教学法（也称交际法）产生于20世纪70年代初西欧共同体国家。随

① 毛齐明．维果茨基与教育 [M]. 太原：山西人民出版社，2019.

着欧洲各国之间政治、经济、文化、科学、军事各方面交流合作的加深，人们越来越感觉到，语言的阻隔已成为人际交往的重大障碍，而传统的外语教学模式忽视交际技能的培养，不能满足现实交际的需要。交际法正是在这样一个时代背景下产生的。交际法不是某一种教学理论和方法，而是某一类教学理论和方法，这些理论和方法均把培养交际能力作为语言教学的最终目标。就交际法的标准模型而言，具语言学理论基础是社会语言学、功能语言学和交际能力理论，在心理学上则受到人本主义心理学的影响，至于在语言学习理论方面，其基础比较薄弱。交际法的基本观点可以概括为：语言学习是学习如何使用语言进行交际，而不只是学习一套语言规则。语言教学的目的是培养交际能力，语言教学的内容应该符合学生的交际需求，语言教学的过程应该交际化。

交际型教学法经过近年来的发展已逐渐成为一种为世界语言教学界所普遍认同的教学思想、教学方向。它的理论主要来自社会语言学、心理语言学和乔姆斯基的转换生成法。其核心是教语言，应当教学生怎样使用语言、怎样用语言达到交际目的，而不是把教会学生一套语法规则和零碎的词语用法作为语言教学的最终目标。我国的英语教学新大纲和新教材都充分体现了交际语言教学思想。

交际法依据功能意念大纲组织课堂教学，培养学生的交际能力。该法对语言结构的准确程度要求不那么严格，强调语言的社会功能，特别强调培养学习者的语言理解能力、表达能力、互相沟通思想的能力、创造使用语言的能力。

（二）交际型教学法的分类

英语语言教学发展是一个动态发展的过程，越来越多的新课程观点、新方法运用于课堂之中。20世纪80年代逐步形成的交际型教学法，形成了强势版本和弱势版本，两者在如何看待交际与教育及如何看待语音知识的问题上存在较大的差异。

强势交际法认为，二语或外语的习得是交际活动的结果，应坚持直接通过交际活动习得交际能力。该派主张通过创造各种条件让学习者在语言交际过程中发展交际能力，即“通过使用语言来学习语言”，主张在课堂上只进行交际活动，排斥语言形式方面的任何显性教学；对语言结果有异议的学习，采取忽略的态度。

弱式交际法则主张通过语言交际能力各个方面的教学来培养交际能力，即“为了使用语言而学习语言”，认为交际活动只是语言教学的手段之一，它的实行并不排斥其他教学手段的使用。弱势交际法主张把语言作为交际工具，掌握目的语、学会使用英语是交际活动的最终目的。

（三）任务型教学法与交际型教学法的关系

一方面，在培养语言交际能力这一点上，任务型教学与其他交际法教学途径是完全一致的。交际法在具体实施过程中遵循的三个原则，即交际原则、任务原则、意义原则，为任务型教学法奠定了基础。

另一方面，各类交际法都主张通过交际活动促进学习者学习语言，强调有意义的学习。只是在以意义为中心的前提下，是否需要兼顾语言形式的教学，以及如何兼顾语言形式的教学，对此，各家有不同的看法。

我们把任务型教学看成交际法的一种，其在本质上属于交际法，是交际法的发展。当然，与交际法的标准模式相比，任务型教学法有以下三个方面的发展：

1.任务型语言教学承认培养语言交际能力是其目标，但是与其他交际法相比，它同时还要发展学生发现问题、分析问题和解决问题的能力，更强调语言的工具性，强调人的全面发展。

2.无论是传统的结构大纲还是功能意念大纲，本质上都是一样的，都属于产品式大纲。而任务型教学则是过程式大纲的产物，它更注重语言学习的过程。

3.任务型教学与其他交际法流派一样，其理论基础为功能主义语言学、人本主义心理学和建构主义学习理论等，但是，相比于标准模式，任务型教学法在语言习得理论方面得到了更加充分的支持。与强式交际法和弱式交际法相对应，任务型教学也可以分为两种：不考虑语言形式的显性教学任务；强调在以内容为核心的前提下兼顾语言形式的任务型教学。

相比交际型教学法，任务型语言教学呈现出以下六个特点：

1.语言教学应该更加关注学习的过程，而不只关注学习的结果。

2.语言学习的基本单元是一些强调交际的有意义的、有目的的活动或任务，而不是一系列的语言项目。

3.活动和任务既可以是学习者在将来现实生活中需要做的事情，也可以是那些促进语言学习过程的课堂学习活动。

4.任务型语言教学大纲，是根据任务的难易程度，安排任务的先后顺序。

5.任务的难度取决于一系列因素，如学习者以前的学习经历、任务的复杂程度、任务对语言的要求及学习者能够获得的帮助和支持。

6.任务能够激发学习者的学习动机，因而有利于促进语言学习。

虽然任务型教学法与交际型教学法一脉相承，有很多共同之处，但是任务型教学法在课堂组织上以交际任务统领整个教学过程，而交际型教学法是围绕掌握某一语言功能开展教学。此外，交际型教学法虽然承认语言准确性的重要性，但是没有具体落实在教学环节，导致在教学实践中只关注语言流畅而忽视语言的准确性。而任务型教学法在平衡语言的流畅性与准确性上尝试了很多方法，关注任务前的准备和任务后的语言聚焦，使学习者关注语言形式，帮助学习者总结语言规则，引导他们关注语言的准确性。

第二节 任务型教学法的任务设计

一、任务前阶段课程设计

任务型教学法的目的是通过任务为语言学习和技能发展创造机会。如何设计任务和组织课程是任务型教学的关键问题。任务是由三个阶段组成的，因此每个任务前设计、任务中设计和任务后设计都至关重要，在每个阶段教师分别体现着不同的角色。

根据任务的基本框架，一个完整的任务包括任务前阶段、任务中阶段和任务后阶段。不同的阶段需要安排不同的活动来帮助学生顺利完成任务，具体任务设计如表6-1所示：任务前阶段主要是对任务进行介绍和前期准备；任务中阶段侧重于学生动手能力的培养，通过计划、讨论实施并完成任务，练习以口头报告或书面表达的方式体现出来；任务后阶段强调教师对学生的任务完成情况进行评价，对语言点进行分析讲解，根据情况提供相应的练习等。

表6-1　任务各阶段的教学活动分析

任务各阶段	教师的任务	学生的任务	教学活动举例
任务前阶段	介绍、引入	倾听要求、做必要记录	①头脑风暴，激活已有背景知识和语言知识 ②词汇补充 ③语法讲解 ④任务示范
任务中阶段	监督、帮助	分工、讨论、按计划完成任务	①关于是否参加兼职的班级内部调查 ②个人简历撰写
任务后阶段	评价、总结、归纳	展示任务、总结经验、学习必要语言点	①小组活动评价 ②重要语言点讲解 ③必要的练习 ④提供第二次小组展示机会

教师在任务前阶段有两种选择，即强调任务的一般认知需求和强调语言因素，可以通过以下四种方式之一解决：支持学习者完成近似的任务；要求学生观察任务的模型；让学习者参与非任务活动；准备完成任务的战略规划。

任务前准备也可以包含非任务准备活动。它有助于减少对学习者的认知或语言需求。激活学习者的内容图式或向他们提供背景信息将有助于学习者完成任务。任务型教学中的各种任务前准备活动具体包括以下四个方面：

（一）激活已有背景知识和语言知识

学生能否成功完成任务，不仅取决于语言的因素，还与内容理解上的因素有关，因此任务前准备活动的重要作用就是帮助学生减轻认知上的压力，引导他们提取已有的知识，帮助他们在旧有的知识和新增的信息之间建立桥梁，使他们扩大知识网。任务前阶段有许多活动，如头脑风暴和思维导图。这一阶段主要是激活学生头脑中关于语言学习相关的背景知识与信息，为他们提供完成任务所需要的语言知识和文化背景。让学生熟悉必要的话题，能帮助他们重构这些知识，减轻他们完成任务时的认知和语言压力，这对于任务完成非常关键。

认知因素和语言因素是教学任务中两个值得考虑的因素，这里的认知是指对单元话题相关背景知识及所完成任务的了解和认识。学习者往往因为注意力有限，经常优先考虑认知因素，而不是语言因素。因此，对于学生熟悉的话题，教师需要激活他们的背景知识和知识结构，把任务中所涉及的话题和学生生活背景中所熟知的内容联系起来，帮助学生将新的信息和他们过去已有的知识建立联系，促使学生熟悉话题，使学生思维活跃而发散、有话想说、有话可说，有话要说，愿意参与任务。教师可以通过提供示范或相关的视频资料，让学生观察任务的完成过程。比如讲到商标的时候，可以让学生去回忆一下他们记忆中最熟悉的商标广告，可以通过一段广告的视频播放激发学生对商标的认识。

激活语言是任务前阶段的重要环节，可以给学习者输入新的语言和语法，帮助他们重构语言系统。这种活动在某种程度上可以激活和调动已有的资源，使学生把新的信息与过往旧有的信息联系在一起。

（二）任务示范

任务前阶段的目的是帮助学生为任务表现做准备。提供模型来说明学生需要做什么及他们将得到的结果，有助于学生正确理解任务和顺利完成任务。

在任务前阶段提供合适的模型非常重要。这个阶段不一定要求全体学生参与表达性任务，可以只是让学生观察这个任务是如何完成的，要求学生思考示范的例子做得好在哪里。通常，并不是所有的学生在听指令时都集中注意力，他们对任务不清楚，不知道教师希望他们做什么，也不知道如何呈现结果，在这种情况下，提供示范的模式可以帮助学习者减少认知负荷，提供参考模板和正确的标准导向。通过模板的学习，学生将非常清楚他们将要做什么和如何做，在模型的指导下，学生可以更有效地开展工作。

此外，教师还可以通过给出一些例子，让学生知道他们在任务中使用的目标语言是什么，比如让学生以小组为单位模拟商务会议，可以事先给学生观看一段关于正式商务会议的视频，在视频播放的过程中适当地插入讲解，引导学生观察在整个会议过程中会议主持人用什么样的语言进行会议主持，以及发言人如何发言。在示范的同时，教师还应该向学生介绍各人物之间的关系，以及会议所要达到的目标、语言表达过程中的注意事项。遇到学生不懂的单词，教师可以提醒学生注意，并在必要的时候加以解释，对于其中所反映的文化或俚语表达进行解释说明。

但是问题常常是，当模型给出之后，一些学生懒得去再创造，他们喜欢模仿模型，因此，关键的要求是教师要强调给出的例子只提供模式上的参考，内容不可以雷同。只要明确要求，学生就会在完成任务的过程中避免单纯抄袭。

（三）词汇学习

很多教师在呈现新语言时都会用一定的时间练习语言的形式、语法、词汇、句型。依据词汇语义理论，人们掌握词汇的过程实际是建立词汇相关联的词汇系统的过程。当学生的词汇量积累到一定程度时，他们的大脑会不断地在新学的词汇与先前学过的词汇及相关背景知识间建立某种联系，一旦建立起这种联系，各个单词构成一张网，建立一个相关单词的语义图，这样词汇的含义才能够真正被储存在大脑长期记忆中。

语言学习的一个重要条件是复现率，词汇学习可以增加重构语言系统的潜在机会，语言不是一次学习就可以掌握的，特别是复杂的语法。教师在设计任务时要考虑重复学生已经学习但还未掌握的语言，减轻学生处理信息过程中的负担，帮助学生将所学词汇纳入大脑的记忆体系，以便随时提取。因此，任务前的词汇学习活动可以使学习者有机会调整和重新组织自己的语言系统，使它更加完善。由此，学生可以运用这些新词与原有词汇的结合，在任务型语言教学活动中创造性地使用语言。

词汇活动的设计，教师可以使用PPT（微软公司的演示文稿软件），借助图片和单词讲解相结合的方式帮助学生记忆单词。例如，在讲解architecture（建筑）这一单词时，教师可以提供我国一些著名的建筑图片，如天安门、鸟巢等，帮助学生建立词语和意义之间的联系。研究表明，人们记忆单词的最好办法是将单词的发音与单词影像化和具体化。语义相结合，也就是说学生口头使用某个词时可以想象这个词的形象及使用情境，或将其与现实情况或自己的生活经验相联系，这样容易理解单词的意思，并且能够长久记忆。

（四）语法结构呈现

提起任务型教学，我们总是把课堂教学和生活中的实际任务联系起来，实际上在真实的课堂教学中我们是不能完全摒弃过去的传统教学方式的。另外，任务型教学也并不排斥模仿和重复。尤其在课堂教学中，总要有一些比较机械性的训练，通过反复练习，使学生加深对语法现象的记忆。因此，许多倡导任务型教学的学者明确提出句型操练是必要的。句型练习并没有错，它是大多数学习者学习过程必经的一个阶段，可以帮助学习者获得交际所需要的基本能力。

任务前活动之一就是让学生熟悉基本的句型结构、固定表达格式等，人们也称这类活动为使能性任务。使能性任务包括呈现新的语言点，如功能词汇、语音、语法和句型结构等。有了任务中的语言操练活动的铺垫，学生才能够顺利地完成任务，使能性任务为任务完成中的沟通与交流提供必要的语言支持。

在英语的训练中，充分的输入是非常必要的。如果教师只为学生提供了任务要求而忽略了语言本身，就会导致学生为了完成任务只使用头脑记忆中原来的语言知识进行沟通，新的语言知识并不能通过任务的完成自动教授给学生。因此，可以通过机械性的语法训练，帮助学生掌握表达中所要用到的语言点。

一般来说，新语言结构的练习可以分为两个阶段：一是机械性练习；二是有意义的练习。机械性练习主要是针对学生对于新的语法现象不熟悉的特点，通过反复练习，吸引学生模仿，使其准确地掌握新的语言点。有意义的训练介于机械性训练和交际任务，起到桥梁的作用，它使学生通过机械性练习掌握了固定的表达方式和新的语言模式后向表意的方向发展。因为机械性练习着眼于语言结构的训练，其表达的含义与现实生活相去甚远，所以这种语言是“死的”，要把这种语言“变活”，我们就需要通过意义来给它注入灵魂。有意义的练习结合机械性练习，能够使学生为后面的交际任务打好坚实的基础，从而顺利地完成任务。

因为任务前活动会对学生完成任务的效果产生影响，所以在课堂教学的具体过程中教师必须注意以下几点：

1.任务指示语要清楚，使学生明确任务要求。有些任务要求不够明确、不够清晰，导致学生听不懂他们要完成的任务或者对于任务的理解产生歧义。

2.给学生充分的时间。根据任务的难易程度来决定时间分配，如果任务比较简单，那么可以尽量少用一些时间；如果任务比较复杂，需要多人协作共同完成，则务必要给足时间使学生完成任务的计划、沟通和实施。这种时间安排技巧是教师根据自己的经验和任务的难易程度及学生的特点摸索出来的。

二、任务中阶段课程设计

任务型语言教学中的任务和传统教学的练习是有区别的，任务型语言教学的活动通常是一个任务的不同阶段，它们彼此关联、互相衔接，围绕一个最终目标，而传统教学的练习只是孤立地进行语言项目训练。任务型语言教学中的任务能充分调动学生的学习积极性，体现“从做中学”的特点，即通过做事情来学习语言，而不是直截了当地向学生讲述语言知识和语法规则。在设计任务时要考虑以下三个方面的因素：

（一）是否要求学生在时间压力下完成任务

可以选择让学生在自己的时间内完成任务，也可以设置时间限制。这个选项很重要，因为它会影响学生所使用的语言的性质。如果教师想强调任务表现的准确性，就要允许学生在自己的时间内完成任务；如果想鼓励学生流利使用语言，则常常需要设定一个时间限制。一般来说，课上任务需要设定时间限制，因为课堂时间有限，如果不设置时间限制，学生就会拖沓，课堂进度就无法正常进行，课堂节奏会受到严重影响。对于准确度较高或耗时较长的任务，可以将之作为课后作业，不设定严格的时间限制，一周之内完成即可。例如，在下面的任务中，学生需要进行关于最有效环保措施的调查，根据调查结果给市长写一封关于如何开展环境保护的建议信。由于课堂时间有限，课上可要求学生完成调查的问卷设计和访谈。对于语言准确度要求较高的建议信，则可以在课后完成，保证学生有充足的时间做准备，这样可以使语言的准确度得到加强。

（二）任务执行过程中是否给学生提供必要的支持

根据任务的难易程度，具体问题具体分析。对于一些难度较高的任务，学生在完成过程中略显力不从心，提问较多时教师可以统一提供适当支持。例如，为了帮助学生正确使用单词，在听力课上播放听力任务时，教师给学生提供一份听力材料中的关键词列表，甚至一些基本句型，并将其写在黑板上进行讲解，能为学生适当地减轻听力难度，并为他们的展示发言提供可用的词汇和句子参考。

（三）对有困难的学生要给予必要的帮助

学生的基础和领悟程度及他们的课堂参与度都是不同的。有一些学生非常积极而且有良好的基础，因此他们乐于参加活动并在活动中展现自己，获得成就感；也有一些学生基础较差或对任务完成没有思路或对要求掌握不够清楚，如果教师不给予帮助，他们就会一片茫然，从而浪费课堂时间而一无所获。在课堂展示的过程中，他们也必将没有信心，课程的参与度以及学习的兴趣都将大打折扣。因此，教师必须在巡视的过程中给予这些同学充分的帮助和指导，使他们能够明确任务的目的及任务的完成方法。此外，在与教师的沟通过程中，他们也可以学到一些完成任务的思路及语言表达。

三、任务后阶段课程设计

任务后阶段是任务型教学法的收尾。这一阶段有三个主要的教学目标：为重复执行任务提供机会；鼓励学生对如何执行任务进行思考；鼓励学生注意形式，特别是那些在学生完成任务时被证明是有问题的形式。

当学习者重复一项任务时，他们的语言产出会在很多方面得到提高：语言复杂程度增加；命题表达得更清晰；语言表达得更流畅。因此，在此阶段，教师可以给学生提供重复的机会，学生可以对第一次完成任务的展示进行自我反思，得到修改意见；另外，在其他同学的展示中，他们会学习到更多原来不曾掌握的语言表达方式，有助于更好地完成任务。当然，在重复任务的时候要具体情况具体分析，可以适当调整要求，以免学生产生厌倦情绪。例如，把原来要求口头展示的报告改为书面作文。

一旦任务完成，可以要求学生转向关注语言形式，教师应该设法纠正在任务完成中学生的语法错误。因此，此阶段可能涉及以下两种语法活动：

（一）纠正学习者的错误

例如，在任务设计的最后一部分，教师一边听报告一边在黑板上记下一些表达式（包括错误的和正确的表达式）。通过记录在任务中使用的语言表达，学生会看到他们的一些错误，这时可以要求学生自己找出错误，纠正句子并做出解释。

（二）专注语法活动

传统的形式练习也是吸引学习者注意有用的表达的好方法。传统的练习类型包括重复、替换、断句和对话。这些活动可以帮助学习者深入学习，体会词语的含义和运用，以及相关的句型或语法现象。

这个阶段应鼓励学习者注意语言形式，特别是那些有问题的语言形式，这样可以帮助学习者巩固在任务阶段需要掌握的语言结构。同时，在这一阶段，教师可以总结学生的表现，尽量给予鼓励，积极发现学生的优点，提出正面表扬，激发他们的学习热情；也可以邀请学生反思和评估他们自己的工作表现。这样的方式，可以发展学生的元认知策略、自我规划、监测和评估体系。此外，让学生评估任务本身也会给老师提供必要的信息反馈。

第三节　任务型教学法的课堂教学实践

一、任务型语言教学设计的基本原则

（一）真实性原则

此原则是指在任务设计中，任务所使用的输入材料应来源于真实生活，同时，履行任务的情境及具体活动应尽量贴近真实生活。当然，“真实”只是一个相对概念，任务设计的真实性原则也不完全反对非真实语言材料出现在课堂任务中。但有一点是肯定的，就是要尽量创造真实或接近于真实的环境，让学生尽可能多地接触和加工真实的语言信息，使他们在课堂上使用的语言和技能在实际生活中同样能得到有效的应用。

（二）形式/功能原则

传统语言练习的最大不足之处便是语言脱离语境、脱离功能，学生可能知道不同的语言形式，但不能用这些形式得体地表达意义和功能。形式/功能原则就是在真实性原则的基础上，将语言形式和功能的关系明确化，让学习者在任务履行中充分感受语言形式和功能的关系，以及语言与语境的关系，增强学习者对语言得体性的理解。

（三）连贯性原则

这一原则涉及任务与任务之间的关系，以及任务在课堂上的实施步骤和程序，即怎样使设计的任务在实施过程中达到教学上和逻辑上的连贯与流畅。任务

型教学并非指一堂课中穿插了一两个活动，也并不指一系列活动在课堂上毫无关联的堆积。任务型教学是指教学通过一组或一系列的任务履行来完成或达到教学目标。在任务型教学中，一堂课的若干任务或一个任务的若干子任务应是相互关联、具有统一的教学目的或目标指向，同时在内容上相互衔接。

（四）可操作性原则

在任务设计中，应考虑到它在课堂环境中的可操作性问题，尽量避免那些环节过多、程序过于复杂的课堂任务。必要时，应为学生提供任务履行或操作的模式。

（五）实用性原则

任务的设计不能仅注重形式，而不考虑它的效果。课堂任务总是服务于教学的，因此，在任务设计中，要避免为任务而设计任务。任务设计者要尽可能地为学生的个体活动创造条件，利用有限的时间和空间，最大限度地为学生提供互动和交流的机会，达到预期的教学目的。

（六）趣味性原则

任务型教学法的优点之一便是通过有趣的课堂交际活动有效地激发学习者的学习动机，使他们主动参与学习。因此，在任务设计中，很重要的一点便是考虑任务的趣味性。机械的、反复重复的任务类型会使学生失去参与任务的兴趣，因而任务的形式应多样化。需要注意的是，任务的趣味性除了来自任务本身之外，还可来自多个方面，如多人的参与、多向的交流和互动，任务履行中的人际交往、情感交流，解决问题或完成任务后的兴奋感、成就感等。

二、任务型课堂教学的主要环节与步骤

在任务型的课堂教学中，教师教学的首要环节就是呈现任务，让学生在任务的驱动下学习语言知识和进行技能训练。这样的学习过程是任务驱动（task-driven）的过程，它有利于提高学生的学习兴趣和增强学生的学习动力，同时也有利于体现任务的真实性。如果教师不是在课堂教学一开始呈现任务，而是在知

识学习和技能训练结束后再呈现并让学生完成，那么这就不是任务驱动型的教学过程，学生的学习动力就不如在任务驱动过程中那么强烈。所以，真实地运用任务的学习过程实际上就是课堂教学的过程。此时，学生就进入了参与任务的环节。

任务环节是实施任务型课堂教学的核心部分。任务型课堂教学活动根据其交互特点可大致分为五类。

1.故事链任务。小组中每人讲一段故事，整个小组讲完一个完整的做事。

2.信息差任务。两组或多组信息互补，协商完成任务。

3.解决问题任务。围绕一个问题或根据一系列信息，找出解决问题的办法。

4.做决定任务。围绕一个和多个结果，通过协商或讨论做出选择。

5.观点交换任务。通过讨论，相互交换意见，不必达成共识。

在这些活动中，“信息差任务”具有合作性和多元成果性的特征。同时，“信息差任务”过程简单，也易于课堂操作。在丰富多彩的任务的驱动下，学生可以运用自己的思维通过完成具体的任务主动地去习得英语，积极主动地参与到各种任务中来，真正地做到“在做中学”，并从中获得和积累相应的学习经验，享受成功的喜悦。任务的完成是任务型教学程序的最后环节。在时机成熟时，教师就可以让学生围绕新知识点，突出主题进行迁移操练；学生通过完成任务将学到的知识和形成的技能转化成在真实生活中运用英语的能力。

三、任务型语言教学中的评价

采用任务型语言教学，就必须采用与之匹配的基于任务的评价方式和方法。基于任务的评价主要是对学生在学习过程中的行为表现评价，以及考查学生运用所学的知识和技能完成任务的情况。和传统的评价方式相比，它能够更科学、更合理、更全面地评价学习者实际运用语言的能力。

（一）基于任务的形成性评价

形成性评价就是评价学生在学习过程中使用所学的知识和技能进行各种学习活动的成就与表现。形成性评价贯穿整个学习过程，能客观地反映学生的进步情况，其常见的评价方式包括学生学习档案；各种学习活动的情况记录；小组共同完成任务的报告；教师观察学生课上各种活动表现的记录表；学生阶段性地对自己在英语听、说、读、写几项技能发展方面的认识或评价；学生对自己努力程度和学习效果之间关系的评价或认识；同学相互间对自己努力程度和学习效果之间关系的评价或认识、阶段测验结果及反思；等等。

任务型语言教学中实施的形成性评价，常常是基于学生行为表现的评价。基于语言行为表现而进行的评估可以采取多种形式，如传统的作文、口语面试，以及语言交际任务、小组讨论、角色扮演、解决问题等。可以说，对语言行为表现的评估也是任务型的评价活动。具体地讲，基于任务的形成性评价可以采取以下方式和方法：

1.根据学生每次完成任务的情况进行评价

学生在完成任务过程中的表现，以及任务完成的结果是进行评价的主要内容和依据。具体而言，学生完成任务的表现主要是指学习者参与任务的情况、完成任务的质量、语言运用的情况等。为此，教师要对学生的表现做好相关的观察和记录，最后结合任务完成的情况对学生做出全面完整的评价。

在实施评价时，教师要注意以下四个问题：第一，制定科学可行的任务评价标准，并使学生提前了解到完成任务的具体要求；第二，要合理评价小组成员在完成任务过程中的贡献和成就，目的是鼓励每一位学生最大限度地参与到任务中来；第三，在评价任务完成时准备小组的书面报告或口头报告；第四，应该以材料的内容作为评价的重点，同时兼顾语言的正确性和准确性，但不要过度地强调后者。

2.根据学习者的学习档案进行评价

这是指教师把学生平时学习过程中的各种成果整理和保存起来，建立学习档案，作为评价的内容和依据。学习档案主要包括学生学习行为记录（如课堂活动中的辩论、角色扮演、口头报告等）、书写作业的样本、教师对学生学习情况的观察评语等。在完善的评价体系中，评价的内容不仅有对语言知识和语言技能的检测，也有对语言行为表现的评价，以及对学生的学习策略、情感态度的评价。学习档案是形成性评价的重要组成部分，它包含的评价内容和信息丰富而全面，是完善的评价体系中不可缺少的一个板块。

3.采取学生自评和互评的方式

现代教育非常强调学生在学习过程中的主体地位，其中一个重要表现就是让学生参与到评价的过程之中，学生的自评与互评成为评价的重要内容。进行学生的自评或互评通常要事先设计自我评价或相互评价使用的评价表。评价表可以是教师或学生制作，也可以师生合作共同制作。在实际的教学中，当一个教学单元结束之后，可以组织学生进行自我评价；当学生以小组的形式共同完成了一项任务时，可以实施小组成员之间的互评。通过学生的自评与互评，学生可以对自己的学习过程、学习方式、学习效果，以及在学习中的感受、体验、收获等进行反思和评价，这些是终结性评价无法考查的。总之，教师要创造机会让学生参与到评价中来，这样还可以激发学生的学习动机和参与意识，培养学生的自我管理和自主学习能力。

形成性评价是一种持续性的评价活动，主要目的是为了促进学生的发展和进步，旨在提高教与学的成效。它既评价学生的学习结果，也关注学生的学习过程和思维过程，这是实施形成性评价的重要意义所在。在教学过程中，通过评价学生完成的特定语言任务，既能考查学生已掌握的知识结构，也能考查学生已具备的语言能力。师生都可以通过评价活动进行自我反思：学生通过评价活动调整自己的学习策略和学习内容；教师通过评价活动调整自己的教学方法和教学内容。实施形成性评价也有利于加强监督和管理学生日常学习过程的力度，提高学习成效，发展学生的综合素质。

（二）基于任务的终结性评价

在强调形成性评价的重要作用时，我们也并不否认终结性评价的意义和作用。从上文中可以看出，基于任务的评价形式以形成性的评价方式为主，但实际的教学中也有基于任务的终结性评价。基于任务的终结性评价和传统的终结性评价还是存在一些差别的。概括而言，基于任务的终结性评价虽然通常也是以终结性测试的形式来实现，但其测试的目标不是考查学习者的语言知识或语言水平，而是考查他们使用语言完成目标任务的情况；基于任务的终结性评价主要考查学习者能否运用所学的语言完成某些真实的或仿真的任务，这种测试的目的与方法和任务型语言教学的宗旨是一致的。

在实施基于任务的终结性评价时，首先要遵循终结性测试的一般原则和方法。此外，还要重点解决好以下两个问题：第一，确定评价的内容和依据；第二；确定评价的形式。从基于任务的终结性评价的内容看，主要考查的是学习者听说读写的技能，以及在一定的语境中运用语音知识、词汇知识、语法知识、语篇知识、语用知识的能力。从评价的形式看，对上述语言知识和技能的评价通常结合或模仿现实生活中的实际情境和真实任务来设计。例如：在阅读能力的测试中可以要求学习者根据所读的畅销书目的内容简介，选择一本或几本适合某类读者群的图书；在听力测试中则可以要求学习者收听相关城市的天气预报，然后选择出行需要准备的物品；等等。总之，设计和实施基于任务的终结性评价时，要充分和任务型语言教学的目标保持一致。

四、任务型语言教学中应注意的问题

正如本文前面所谈到的，核心的问题是教师能够掌握任务型教学的理论依据，并根据自己的实际情况灵活地加以运用。

任务型语言教学在设计和实施过程中需要注意以下五个重要问题：

（一）教学目标要明确

在日常的教学活动中，困扰教师的一个主要原因是教学目标不够明确。教师在备课的过程中发现，教学材料中的语言点纷繁芜杂，不知如何确定教学重点。每个教学单元的交际目标究竟怎样确定，同样也是棘手的问题。而过分强调语言知识的教学则会占用过多的课堂教学时间，结果使得学生大量减少了为加强语言的功能和语言综合运用能力而进行的课堂活动。为此，在进行任务设计时我们首先要考虑两个方面的任务目标：一是真实世界的任务目标，这类目标是学生今后在生活可能需要使用英语做的事情；二是教育任务目标，也就是使学生达到相关教学大纲或课程标准所确定的共同的、基本的教学目标。在实际教学中，这两种任务目标之间存在一个衔接的问题。因此，需要教师在课程总的教学目标和各个教学单元之间架起一座桥梁，确定每个单元更具体、更细致的任务目标。只有目标明确了，教师才能把握学生应该达到的学习目标，并具体确定教学的重点，分清培养学生哪些方面的语言技能和实际能力。同时，教师也可以确定教学行为的评价标准是什么，以保证更好地实现课程目标。

（二）任务设计要真实

任务的真实主要表现在两个方面：一是所学语言材料的真实；二是任务本身

的真实。前者可以保证学习者获得真实有用的语言输入；后者可以使学习者将语言学习任务和真实的情境、实际的社会生活和现实的需要联系起来，使学习更具现实意义，并提高学生的学习兴趣和动力。真实的任务能调动学生的积极性，使他们自觉地参与到语言活动中，他们愿意表达真实的感受，传递真实的信息，讲授真实的经历，做到言之有理和言之有物，而不是人云亦云、机械地套用他人的文字和话语。为此，任务的设计应当将语言的形式和语言的功能结合起来，旨在帮助学生掌握语言形式的同时，培养其实际运用语言的能力。教师从始至终要引导学生通过完成真实的任务来学习语言，引领学生为了既定学习目的而展开有意义的语言活动，在完成特定的交际任务的过程中获得和积累相应的学习经验。

（三）任务要求要明晰

为了保证语言学习任务顺利地完成并实现预期的教学目标，教师应当对任务有详细清楚的描述，使学生完全领会教师的教学意图和计划。任务的描述包括如下几个环节：任务的目标；任务完成的步骤；任务的顺序；任务的进度；任务预期的结果；任务完成需要的策略；任务评估的方式；学生参与任务的方式；任务完成所需的资料来源；任务完成需要的语言知识；等等。一项任务完成的好坏情况，很大程度上取决于教师是否对任务进行了清晰的交代和描述。只有任务要求明晰，学生才能领悟任务的意图，弄清自己在任务中承担的责任和角色，并全身心地投入到任务中去。另外，明晰的任务描述，也是教师评价学生任务完成情况的重要依据。

（四）师生互动要通畅

在任务型语言教学中，师生互动贯穿在每个教学环节中，师生互动的方式也决定了教师和学生在学习过程中各自扮演的角色。

在任务型语言教学的教学形式中，教师是语言教学活动的设计者和组织者，是学习方向和学习资源的指挥者与提供者，是学习语言知识的行为示范者和咨询者，是开展语言活动的协作者和策划者，也是学生探索知识、开发学习技能和策略、享受成功的引领者和同路人。

在实施任务型语言教学时，教师要注意调整心态，改变传统的角色意识，重新定位对学生的预期。这样，才能在教学活动的每一个环节都给予学生足够的关注和支持，帮助学生在学习过程中循序渐进地取得进步。与此同时，学生在任务型语言教学中是积极主动的参与者，而非机械被动地接受知识。在参与的过程中，通过交流、体验、讨论、合作、探究等学习方式，发展听说读写的综合技能，学会对知识的探究、归纳和整合。

在任务型语言教学中，教师所设计的任务往往并不是只有唯一的答案和结论，而是有多种解决问题的方案。教师本人也不能预先知道每一位学生所做出的结论或查到的资料。教师需要和学生一起学习，不断地沟通和交流。因此，英语教师除了需要具备相应的英语语言知识和语言技能外，还应当学习和掌握一定的外语教学理论和教学法知识，不断丰富教学实践，有意识地储备多种课堂活动形式和课堂管理技巧。只有这样，教师才能从学生的兴趣和需要出发，充分调动学生的积极性，激发学生的学习动机，提高学生的自主学习能力，最大限度地使学生参与学习的全过程。

（五）评价体系要完整

实施任务型语言教学不仅要改变一些传统的教学模式，还要相应地改变教学评价方式。传统的教学评价方式往往只强调终结性评价，忽视对学习过程及学生日常学习行为的评价。这样的结果是，相当一部分学生学习英语的动机和目的就是考试或升学。这种工具型的学习动机显然不易激发学生学习英语的积极性，不利于保持学习的持久性。同时，这种评价体制也挫伤了教师探索语言教学改革的积极性。为此，必须改变传统的评价方式，加大教学形成性评价的力度和比例，重视行为表现评估。行为表现评估可以引导学生关注学习的实际过程和自己的学习行为表现，有助于发挥学生的主动性、能动性和创造性，并随时反思自己的学习，从而取得更大的成效。

任务型语言教学所提倡的教学理念，以及它所坚持的教学原则和它自身具有的基本特点，有利于调动学习者的主动性和创造性，发展实际的语言交际能力。通过合理地设计和实施任务型语言教学活动，可以有效地实现教学目标。同时，任务型语言教学能帮助学习者在完成学习任务的过程中产生自主学习的意识，最终成为自主的英语学习者。

第七章　高职英语情境教学法与实践

在高职院校英语教学中应用情境教学法,可以保证学生的学习兴趣得到有效的激发。情境教学法可以为学生创造恰当的教学场景,使学生能够在这一场景中运用所学知识,逐渐达到融会贯通的目的。本章主要对高职英语教学中情境教学的应用进行探讨,旨在进一步活跃课堂气氛,激发学生的学习热情,达到理想的教学日的。

第一节　情境教学法的概念

一、情境教学的概念

情境与情境同义，《现代汉语词典》释为具体场合的情形、景象或境地。从概念中可以看出，无论是什么情形、景象或境地，都必须是具体的，具体可感性是情境的特质。心理学认为，情境是对人起直接刺激作用，有一定的生物学意义和社会学意义的具体环境。情境在激发人的某种情感方面有特定的作用，例如，人在山野中听到虎啸和在公园里听到虎啸的感觉是有很大区别的。因此，我们说情境是指对人引起情感变化的具体的自然环境或具体的社会环境。

虽说目前对情境教学的概念还没有统一的说法，但对情境教学思想内涵的认识却是统一的。本书认为，语文情境教学就是指在语文教学过程中为了达到既定的教学目的，从教学需要出发，引入、创设或制造与语文教学内容相适应的具体场景或氛围，从而激发学生的学习热情，引发学生的情感体验，帮助学生在愉快的教学氛围中迅速而准确地接受新的语文知识，同时促使学生的心理机能和谐全面发展，达到在情境中获得知识、培养能力、发展智力的一种教学方式。

情境教学以思维为核心，以情感为纽带，通过各种符合学生心理特点和接近生活实际的真实情境的创设，巧妙地把学生的认知活动和情感活动结合起来，促进逻辑思维与形象思维协调发展，提高学生的思维品质。不仅如此，情境教学还将情境贯穿教学过程的始终，强调凭借情境促进学生的整体发展，将人文学科的字词句篇、科学学科的定理公式融入具体生动的情境中，融知识性、育人性、发展性于一体。

我们必须承认，教育教学不但是为学生将来的幸福、未来的成功做准备，更为重要的是关注学生今天的快乐、现实的精神享受与健康成长。情境教学以学生的情感为纽带，通过创设真实的、虚拟的教学情境，促进学生认知的发展、知识的构建，其目的在于使学生所构建的知识于真实情境中运用、拓展，而生成新的知识，获得认知的发展，体验精神的成长。

二、情境教学的基本途径

创设情境的途径初步归纳为以下六种：

（一）生活展现情境

实物演示情境即把学生带入社会，带入大自然，从生活中选取某一典型场景，作为学生观察的客体，并以教师语言的描绘，鲜明地展现在学生眼前。

（二）实物演示情境

实物演示情境即以实物为中心，略设必要背景，构成一个整体，以演示某一特定情境。以实物演示情境时，应考虑到相应的背景，如“大海上的鲸”“蓝天上的燕子”“藤上的葫芦”等，都可通过背景激起学生广阔而辽远的联想。

（三）图画再现情境

图画是展示形象的主要手段，用图画再现课文情境，实际上就是把课文内容形象化。课文插图、特意绘制的挂图、剪贴画、简笔画等都可以用来再现课文情境。

（四）音乐渲染情境

音乐的语言是微妙的，也是强烈的，给人以丰富的美感，往往使人心驰神往。它以特有的旋律、节奏塑造出音乐形象，把听者带到特有的意境中。用音乐渲染情境，并不局限于播放现成的乐曲、歌曲，教师自己的弹奏、轻唱及学生表演唱、哼唱都是行之有效的办法。关键是选取的乐曲与教材在基调上、意境上及情境的发展上要对应、协调。

（五）表演体会情境

情境教学中的表演有两种：一是进入角色；二是扮演角色。“进入角色”即“假如我是课文中的××”；扮演角色，则是担当课文中的某一角色进行表演。由于学生自己进入、扮演角色，课文中的角色不再是在书本上，而是自己或自己班集体中的同学，这样，学生对课文中的角色必然产生亲切感，很自然地加深了内心体验。

（六）语言描述情境

以上所述创设情境的五种途径，都是运用了直观手段。情境教学十分讲究直观手段与语言描绘的结合。在情境出现时，教师伴以语言描绘，这对学生的认知活动起着一定的导向性作用。语言描绘提高了感知的效应，情境会更加鲜明，并且带着感情色彩作用于学生的感官。学生因感官的兴奋，主观感受得到强化，从而激起情感，促进自己进入特定的情境之中。随着年龄的增长，直观手段逐渐减少，单纯运用语言描述带入情境增多。

三、情境教学的功能

情境教学的功能主要表现在两个方面：陶冶功能和暗示（或启迪）功能。

第一，情境教学能够陶冶人的情感，净化人的心灵。

在教育心理学上讲陶冶，意即给人的思想意识以有益或良好的影响。关于情境教学的陶冶功能，早在春秋时期的孔子就把它总结为“无言之教”“里仁为美”；南朝学者颜之推进一步指明了它在培养、教育青少年方面的重要意义：“人在少年，神情未定，所与款狎，熏渍陶染，言笑举动，无心于学，潜移暗化，自然似之。”即古人所说的“陶情冶性”。

情境教学的陶冶功能就像一个过滤器，它剔除情感中的消极因素，保留积极成分，使人的情感得到净化和升华。这种净化后的情感体验具有更有效的调节性、动力性、感染性、强化性、定向性、适应性、信号性等方面的辅助认知功能。

第二，情境教学可以为学生提供良好的暗示或启迪，有利于锻炼学生的创造性思维，培养学生的适应能力。

众所周知，人的社会化过程即形成“一切社会关系的总和”。这一从自然人转化为社会人的过程，实际上完全是环境——社会、家庭、学校、种族、地理等因素共同作用的结果。这些影响作用有的被我们感知到，但更多的则不知不觉地影响着我们。因此，保加利亚暗示学家洛扎诺夫指出：“我们是被我们生活的环境教学和教育的，也是为了它才受教学和教育的。”①

情境教学，是在对社会和生活进一步提炼与加工后才影响学生的。诸如榜样作用、生动形象的语言描绘、课内游戏、角色扮演、诗歌朗诵、绘画、体操、音乐欣赏、旅游观光等，都是寓教学内容于具体形象的情境之中，其中也就必然存在着潜移默化的暗示作用。

换言之，情境教学中的特定情境，提供了调动人的原有认知结构的某些线索，经过思维的内部整合作用，人就会顿悟或产生新的认知结构。情境所提供的线索起到一种唤醒或启迪智慧的作用。比如正处于某种问题情境中的人，会因为某句提醒或碰到某些事物而受到启发，从而顺利地解决问题。

四、情境教学的原则

为了使情境教学更好地发挥上述两种功能，本书提出以下三个重要的使用原则。

（一）意识与无意识统一原则和智力与非智力统一原则

这是实现情境教学的两个基本条件。无意识调节和补充有意识，情感因素调节和补充理智因素。人的这种认知规律要求教师在教学中既要考虑如何使学生集中思维，培养其刻苦和钻研的精神，又要考虑如何调动其情感、兴趣、愿望、动机、无意识潜能等对智力活动的促进作用。教师在鼓励学生要刻苦努力时，很可能已经无意识地暗示了学生：你能力不行，所以要努力。这样就在无形中增加了

① 周娟娟. 高职高专英语情境教学 [M]. 成都：四川大学出版社 ,2018.

他们的畏难情绪。如果我们能意识到这一点，就会把学生视作理智与情感同时活动的个体，就会想方设法地去调动学生身心各方面的潜能。

无意识与意识统一、智力与非智力统一，其实就是一种精神的集中与轻松并存的状态。这时，人的想法在自由驰骋，情绪在随意起伏，感知在暗暗积聚，技能在与时俱增。这正是情境教学要追求的效果。

（二）愉悦轻松体验性原则

该原则根据认知活动带有体验性和人的行为效率与心理激奋水平有关而提出。该原则要求教师在轻松愉快的情境或气氛中引导学生提出各种问题，展开自己的思维和想象，寻求答案，分辨正误。这一原则指导下的教学，思维的“过程”同“结果”一样重要，目的在于使学生体会到思考和发现是一种快乐，而不是一种强迫或负担。

（三）师生互信互重下的自主性原则

该原则强调两个方面：一是良好的师生关系；二是学生在教育教学中的主体地位。良好的师生关系是情境教学的基本保证。教学本是一种特定情境中的人际交往，情境教学更强调这一点。师生间要相互信任和相互尊重，教师对学生真正做到“晓之以理，动之以情”。这意味着教师必须充分地了解学生，学生也必须充分地了解教师，彼此形成一种默契。而学生在教学中的主体地位决定了其自主性，侧重于教师鼓励学生“独立思考”和“自我评价”，培养学生的主动精神和创新精神。这一原则要求教师在情境教学中要从学生的实际出发，使学生在完成学业的同时得到如何做人的体验。它意味着一切教学活动都必须建立在学生积极、主动和快乐的基础上。

五、情境教学的特点

（一）形象性

叶圣陶老先生曾在《语文教学二十韵》中指出：“作者胸有境，入境始于亲。”高职英语教学过程中，只有让学生感受真切，才能入境；进入了情境，便可见可闻。教师常常使用具体的、生动的、形象化的教学媒介设置情境来提高学生学习的积极性，使其产生学习的兴趣，从而强化学习效果。高职英语文学读本中，无论是贫穷且相貌平平的简·爱，还是永远是最先说别人坏话的伪君子，以及托尔斯泰笔下的渔夫和桑娜；无论是能够使曙色迟延、使正午惨淡的艾登荒原，还是莎翁笔下仲夏葱郁的森林图景——皎洁的月光、轻盈的露珠、娇艳的花朵，空气中弥漫着花草的芬芳，通过情境教学，学生仿佛都看到了；也无论是那一生只叫一次的荆棘鸟的优美动听的歌声，还是罗兰发出的求救号声，通过情境教学，学生仿佛也听到了……情境缩短了久远事物的时空距离，加强了形象的真实感。这样，学生才会被课文中的人物、事件吸引，才能产生细致的情感体验，得到精神的力量；进而学生由此情此景开始认识更远、更广阔的世界，他们对语言的感受必然会变得敏锐起来。

“形象性”是高职英语情境教学的第一特点。但是，这并不意味着所有教学情境都必须是生活真实形象的再现。这里的“形象”，并不是事物实体的再现，而是以简化的形体和暗示的作用，在教学过程中获得与实体在结构上对应的效果，使学生感到十分形象、真切。也就是神韵相似，能达到“可意会”即可。教师利用音乐渲染、图画等方式使学生仿佛看到了文中描写的形象，拉近了学生与课文的距离，也有利于在课堂上营造一种奇妙、鲜活的教学氛围。

（二）启发性

高职英语情境教学过程中，当学生遇到了自己暂时不能理解的英语文本、不能感悟作者意图的英语作品时，教师应当在恰当的时刻为学生创设情境，指导学生、启发学生在情境中去理解、感悟。因此，教师不仅要对学生已掌握的知识十分熟悉，而且还要关注不同学生的学习特征、背景知识、生活经验等，提前掌握学生在本次教学活动前的已有经验及知识准备等情况，创设富有启发性的教学情境，指导学生感悟课文中的意境。

“情境”不同于“情境”，“情境”具有一定的深度与广度。高职英语情境教学就是要把学生带入作者创作时所置身的意境之中，从而使所创设的情境意境深远。它不是图解式地、机械地运用情境，而是讲究“情趣”和“意象”。高职英语情境教学把教材内容与生活情境相联系，由近及远，由此及彼，由表及里，以今及昔以至未来……高职英语情境教学使学生获得直接的“印象”；在情境中，学生激起的情绪，又化为“需要的推动”。这种“直接的印象”“需要的推动”使得大脑皮层处于相当强烈的兴奋状态，从而将储存在大脑中的表象进行重新组合，这就形成了想象。因此，高职英语情境教学往往为学生提供想象的契机，此时便可启发学生凭借想象活动，随着学习课文或观察活动进入广远的意境中。高职英语情境教学所提供的广阔辽远的意境启发了学生的想象，学生的想象又丰富了情境。因此，高职英语情境教学效果表明：意境的广阔辽远，不仅启发了学生的创造性思维，而且促使学生更深刻地理解教材内涵。

（三）多元性

情境是多元性的，包括物理情境（如展示实物或者模型）、社会情境、心理情境等。每个学生的生活经历、知识背景、学习方法、思维方式等都不一样，因此，学生需要多元化的情境教学。高职英语情境教学要注重情境的多元性这一特征，从不同角度、不同层次、不同方面为学生创设多元性的情境，使每一个学生都能够从中获益，从而满足学生开放性、多元性的发展需求。具体而言，高职英语教师要采用多样的情境创设手段，使每一个学生都能参与到这种多元性的情境中来。

（四）情知性

高职英语情境教学还具有情知性，即“理念寓于其中”。高职英语情境教学将其所创设的生动的形象，所伴随抒发的真挚的情感，以及所蕴含的广阔辽远的意境三者融为一个整体。其根本目的就是通过高职英语情境教学，以蕴含的理念来诱导学生提高对事物的认识能力。否则，高职英语情境教学一旦失去理念，就如同没有骨头一样，站不起来，成为内容贫乏、色彩苍白的空架子。如《呼啸山庄》，虽然它很多篇幅描写的是恨，是人性的堕落，但其实作者所要表达的理念却是爱，是人性的不可摧毁性，在那个暴君希思克利夫统治下的充满仇恨的世界里，爱的萌芽艰难而顽强地破土而出；《老人与海》则歌颂了人面对失败仍然顽强拼搏、绝不屈服的意志。因此，高职英语情境教学所蕴含的理念，是教材所要表达的思想观点，也是英语课文的中心思想。高职英语情境教学的“理寓其中”要求教师从教材中心出发，借助图画、音乐、实物、表演、语言及活动场景来一步步地展现、引导学生琢磨、领悟英语课文中的理念。因此，高职英语情境教学

“情知性”的特点，决定了学生获得的知识、理念是伴随着形象与情感的，是有血有肉的。这不仅包括感性的、对事物现象的认识，也包括理性的、对事物本质及其相互关系的认识。

综上所述，形象性、启发性、多元性、情知性的特点使得高职英语情境教学成为学生学好英语，并同时促进各方面发展的一条有效途径。

六、情境教学的特色内涵

情境教学深受广大教师的青睐，教师们之所以喜爱情境教学，愿意在自己的教学中使用它，主要是因为情境教学体现了语言与形、情、意、理统一训练的教学规律；凡引用情境教学的课，大都体现出教学的形象性、情感性、审美性、愉悦性，为学生所喜爱。从艺术性、审美性、创造性、开放性等方面来诠释情境教学的特色内涵。这同时也体现了教学的本质规律。

（一）情境教学的艺术性

教学既是科学的又是艺术的。教学是一种规范的行为，教学必须遵循一定的客观准则，所以教学具有科学性。教学不仅是一门科学，同时也是一门艺术，因为教学过程的各方面都体现着艺术的基本属性。教学艺术就是教学的主体（学生），在教师的指导下，依据教学规律，进行富有形象的、情感的、审美价值的创造活动的综合。

教学的科学性和艺术性是不可分的。著名科学家李政道有一句话精当地概括了科学和艺术的关系——科学和艺术是一个硬币的两面，谁也离不开谁。从教学来讲，教学科学是教学艺术的基础，如果教学达到艺术水平，说明教学达到了较高境界，在语文教学中即达到“景”“情”“语”浑然一体的境界。

1.形真

“形真”是教学艺术的本质属性之一。教学是通过“形象”再现真理的活动。形象即有形、有象。我国古代把“形”字解释为“见”，“形，见也”；把“象”解释为“像”，“象也者，像此者也”。形象是文学艺术反映现实生活的一种特殊形式。语文课本中的课文大都是文学作品，反映了一定的景、物、人及其之间的关系。当教师引导学生理解和欣赏课文中的景、物、人时，首先要使学生对文中的景、物、人的形象有所感知。这也是由学生的认知规律所决定的。情境教学首先强调的是“形真”。“形真”，即形象真实，就是把课文中所写的景、物、人的形象真切地再现出来，以鲜明形象的情境，强化学生的感知过程，将语言所描写的内容具体化、形象化。

情境教学主张“形真”。而“形真”并不要求所有情境都必须是生活真实形象的再现。所谓“形真”主要是要求形象富有真切感，即“神韵相似”，能达到可意会可想见的目的就行，如同京剧中运用的写意手法一样：演员操一把船桨，就表示船在水上行驶；摇一根竹鞭，就意味着跃马奔驰。虽是如此简单，但观众在台下看来却如同真的一般。中国国画里的白描写意，简要的几笔，就勾勒出形象，并不要求重彩，看来同样是真切的、栩栩如生的。情境教学也是同样的道理，以神似显示形真。

情境教学的“形真”要求其“形”具有整体性，构成整体情境，一个情境便是一个整体。它应包含着作者所要抒发的情感、表述的思想、说明的道理。如图画再现全课的情境，每一幅图画就是一个完整的情境，反映了作者的思想感情。“形真”不限于教学过程的感知阶段，通过“形真”还可以调动学生在教学过程中的知、理、情、趣等认知因素和非认知因素。

2.情深

与教学的科学性相比，教学艺术性更有情感性特征。教学科学性主要运用理性，以逻辑力量说明道理；而教学的艺术性则主要运用情感，以情感人。当然，情与理是不可分的，在语文教学中，既要以理服人，更要以情感人。教学过程各个环节都要有师生情感的参与，这是教学艺术性的又一本质特征。

情境教学在小学语文教学中运用的目的之一，是促进学生心理品质、智能及个性的和谐发展。苏联教育家赞可夫曾经说过：“教学法一旦触及学生的情绪和意志领域，触及学生的精神需要，便能发挥其高度有效的作用。”“学生是情感的王子”，学生的情感是易于被激起的，一旦他们的认知活动能伴随着情感，那么他们对客观世界的认识会更为丰富、更为深刻、更为主动。

情境教学是以生动形象的场景激起学生的学习情绪为手段，使教师的语言、情感、教学的内容连同渲染的课堂气氛成为一个广阔的心理场，作用于学生的心理，从而促使他们积极主动地投入整个学习活动中，达到整体和谐发展的目的。情境教学正是抓住促进学生发展的动因——情感，展开一系列教学活动的。这就从根本上区别于注入式的教学，教学成为学生主观之所需，成为他们情感所驱使的主动发展的过程。它以教师的真切情感去感染学生，从而激起学生相应的情感，促使学生的情绪、情感也参与其中，这就形成了一种内在的驱动力。

情境教学的“情”并非凭空产生的，而是植根于教材及生活之中。语文教材往往是借助形象，如山川田野、花草树木、鸟兽虫鱼及各种典型化的人物，逐步向学生揭示世界的奥秘，培养学生的道德情操、审美情趣等，并从中逐步掌握语言工具。情境教学正是通过再现教材的有关形象，引导学生对优美的或丑恶的、崇高的或卑劣的、愉悦的或悲惨的种种不同事物做出肯定或否定的评价，从而帮助他们体会到自己所表现的爱与憎、满意与厌恶的情感。

“以情动情”是教育的共同规律，情境教学也不例外。教师的情感对于学生来说，是导体，是火种。教师要善于将自己对教材的感受及情感体验传导给学生。例如，有的教师非常重视开始授课时的带有情感的导语激发，以富于形象、生动、优美的激情语言，点燃学生情感的火花，激发学生的学习动机，把学生引入到所要学习的情境之中，使学生在情绪高昂的状态中自然地产生学习的需要。

（二）情境教学的审美性

情境教学在其教育内容、教学过程和教学目标上都体现出鲜明的审美性。

1.情境教学中教育影响的审美性

所谓教育影响，即置于教师与学生之间的一切中介因素的总和，包括作用于学生的影响物和运用这些影响物的方式方法，诸如教室布置、教科书、教学参考资料、教学方法等。一般地，也可把教育影响称作教育内容。

从学生的成长过程看，在学生所受到的影响中，教育影响是一种最为特殊的影响。在情境教学中它表现为环境设置、教材内容和教学方法等。它的确定，经过了严格的选择、提炼和加工，既表现为合目的性，也表现出合规律性，是二者的高度统一，是美。

从教学内容和教学方法来讲：一方面，被情境教学纳入教学内容的知识对象等，在经过了多方面的权衡与比较之后，被证明为最能体现一定社会和时代的性质、方向和发展水平，而且对学生的身心发展既有必需性又能产生积极影响作用——使人和社会都能不断“丰富起来”的内容，因而具有较高的社会价值和教育价值，体现出一种合目的性（善）来。而各种具体为教学服务的方式方法，由于“从一产生就开始履行发挥人的潜能的职能”，是开发和提高学生主体性的有效手段，同样有利于人和社会的不断丰富，表现出较高的社会价值和教育价值，具有合目的性（善）。另一方面，教育教学内容与方法手段的得来即选择、加工和提炼的过程，是以社会发展的实际需要为出发点，根据学生身心发展的客观规律和已有水平，以产生最优效果和最高效率为准则，把社会需要和学生个体的发展高度统一起来而进行的。这是一种符合客观规律的过程，所以具有合规律性（真）。而教育教学内容和方法手段，又必须是统一起来之后才能对学生起作用的，实质就是善与真的统一，是美，是社会提供的“人化自然”的文明成果，其中包括了自然环境美、社会生活美、科学工艺美、人体人格美、自由时间美等因素。

就教育教学的环境设置而论：如果说学校是人们为了实现教育而有计划、有组织地对学生进行管理和调节的特殊环境，那么情境教学则是对这种环境的“特殊性”进行充分挖掘的、更加特殊的一种有效的教育教学形式。它基于“全面发展的人”的整体观念，着眼于学生智力因素与非智力因素的统一、理性心理与非理性心理的统一，力图改变那些本身具有美的性质的教育影响的存在形式，赋予它们新的意义——通过教师“情深、心热、意远”的一番创造性设计，凭借“情境”本身的启迪和暗示作用，变静态的存在为动态的展示，以特定的“情境”来表现自身的规律性和价值特点。

情境的形式包括物质的和精神的两种，它们都与教育教学内容直接有关，具有丰富的教育教学影响的内涵，这两种环境因素都具有合规律性和合目的性。这些因素以显现或潜隐的方式发生作用，对情境教学来说总是一体化的，它使人觉得悦日悦情，身心舒畅，让人在获取知识技能优化智力的同时，也得到了审美情趣的熏陶感染，认识与体验融为一体。学生在其中，或由于周围环境的干净、整洁、自然、和谐而激发起积极乐观的情绪，产生清新舒服之感，思想情操受到潜移默化的熏陶；或由于有条不紊的教育教学秩序，活泼紧张的学习风气，强烈求知的进取精神而身心愉快，精神焕发，油然而生一种集体的荣誉感、自豪感和美感；或因为良好的人际关系而感受到社会的温暖，养成彼此尊重信任、关怀互助的处世风格，从而形成健康的人格。

可见，情境教学在教育影响的审美性方面，所做的努力是多方面的，也是切实有效的。它因此把自己同一般的教育教学形式区别开来：它不但认真选择、加工和提炼教育影响的美，还通过精心的设计把这种美创造性地渗透到相应的情境之中，纠正了以往教育教学中认识与审美体验相分离的偏向，实现了古代大教育家夸美纽斯关于“学校本身应当是一个快意的场所，校内校外看去都应当富有吸引的力量”的教育教学审美性目标。

2.情境教学中活动过程的审美性

马克思主义经典作家在阐述人类劳动与动物本能活动的区别时曾指出，“动物只是按照它所属的那个种的尺度和需要来建造，而人却懂得按照任何一个种的尺度来进行生产，并且懂得怎样把内在的尺度运用到对象上去；因此，人也按照美的规律来建造”。其中，“任何一个种的尺度”，即建造对象的规律性（真）；“内在尺度”，即建造主体的主观愿望、利益和目的（善）。这两者在建造（实践活动过程）中达到统一，并引起人相应的内心愉悦体验，就是“美”或“美的规律”。所以，按照“美的规律”来建造是人类一切实践活动的共同特点。教育作为人类实践活动的一种，当然也应该是一个审美的过程。问题是，一般的教育教学活动至今仍然未能很好地解决这一点。而情境教学做到了！其独到之处，就在于它对于“美的规律”在教育教学活动中的特殊性有一个正确的认识。

作为人类生产自身的一项特殊实践，教育要把社会期望转变成学生的内在心理驱动，首先必须使学生作为主体去参与教育教学活动，从中实现对知识对象的创造性把握，求得个性的全面发展，这就决定了任何教育教学的目的性不能直接指向学生，而必须通过“活动过程”这一中介。因为，活动过程是培养学生的自主意识和自主能力，内化知识对象，从而获得全面发展的唯一渠道。所以，教师首先必须为学生提供适当的活动过程，还要使这种活动具备充分的审美性质，能够引导学生，使之积极主动地参与进来，使自己的主观能动性、知识对象、学习目标形成一个有机的统一整体，从而真正成为学习活动的主体。而教师则巧妙地转移到主导的地位上去。这是情境教学构建教学活动的基本指导思想。

情境教学所创设的情境活动是多种多样的，除了从现实性上可分为现实的、模拟的和想象的以外，若就学生生活的空间范围看还有课内的、课外的、校园的、家庭的等。但它们都遵循一个共同的模式：根据教育影响内容的性质创设情境——把学生引进情境并使之成为相应角色——进一步分析、优化和拓宽情境以再现教育影响的美——学生在其中主动地实现认识与体验的完美统一。这当中，情境的创设必须贯彻美的原则，根据美的规律来进行。只有活动本身有了美的形式，学生才会因满足审美的需求而进入情境，并受到美的陶冶、净化和启迪而自然而然地变成教育教学活动的主体。把教师所操作的知识对象和技能——已赋予在情境之中变成自己的对象。如此，对学生而言，教学成了自主的活动，他们能以独立的方式去把握知识的善与真，认识和体验合一，保持并发展了教师建立起来的活动的美。“审美”因此而成为情境教学的核心。课堂情境活动要“趣、美、智”，校园情境活动要“洁、美、智”，课外情境活动要“乐、美、智”，家庭情境活动要“净、美、智”。为了保证自身运行过程的审美性，情境教学在情境活动的创设上，始终坚持贯彻如下五个原则：

一是直观原则。根据认识的直观原理，情境教学坚持情境的形象性和可感性，针对学生思维的实际特点，运用图画、音乐、描绘性语言、表演等直观手段，直接诉诸学生的感官和心理世界，从而激起学生强烈的情绪情感体验，使学生内在的心理活动倾向于教学过程，情不自禁地把整个身心投入教学活动中，从对具体、鲜明的直观形象的感知当中，顿悟抽象的理性知识，激起强烈的求知欲望。

二是意识与无意识统一原则。从人的心理活动在意识与无意识之间不断转化的特点和人的可暗示性来看，情境教学主张用不显露的、间接的创设情境的方式来影响和调节学生的心理活动，通过情境的暗示作用来一步步地达到教学的最终目标，以无意识导引意识。这种利用学生的可暗示性，通过情境与学生心理产生共鸣的过程，充分激活了学生的潜能，使之迅速向教学活动的主体方面转化。暗示其实是一种无意识的影响作用，学生的审美情感在它的作用下被唤醒后，又移入所面对的、与教育影响有关的人、物、事件和景物等感知对象上而加深情感体验，实现了教育教学的审美化。

三是智力与非智力统一原则。基于学生的认识是智力因素与非智力因素相统一的过程这一客观现实，情境教学在活动过程中，既抓住学生的感知、记忆、思维等智力因素，又诱发学生的动机、愿望、兴趣、需要等非智力因素的动力作用。一方面，它把训练发展学生的创造性思维作为教育教学的重要任务，并在教学活动过程中具体地体现出来；另一方面，又力图结合和照顾到学生的动机、愿望、兴趣、需要等，使学生通过情境活动获得探究的乐趣、认知的乐趣、审美的乐趣、创造的乐趣、道德向上的乐趣。

四是愉悦性原则。情境教学所创设的活动无论是课堂情境、课外情境、校园情境、人际情境还是家庭情境，无不渗透着学生生活空间特有的轻松情趣，既有教师的期望，又富于美感、充满智慧。这些情境活动直接指向学生的心灵，由此得到的是赏心悦目的形象感染，愉快的审美需求的充分满足。这种愉悦，成为一种推动学生向教师创设的情境活动的主体地位迅速转化的强大力量。同时，得益于这种审美愉悦的不仅仅是学生，还有教师自己——学生对教学的全身心投入使情境更为丰富，活动气氛的感情色彩更为强烈。对已经转移到主导地位上去了的教师来说，这是一种育人成功的极大快乐，是对自己劳动的最高奖赏，使之真正感受到自己的职业是“太阳底下最光辉的职业”的那份荣耀，并再次以更为饱满的热情投入到教育教学工作之中。这就形成“教师—情境—学生”三者之间相互推进并多向折射的“心理场”效应，“促使学生用‘心眼’去学习”，教育教学活动进入一种沸腾的状态，此时学习成为一种快乐、一种激情。[①]

五是自主性原则。这是保证教学活动中学生获得主体地位的根本要求。转化为教学活动的主体，意味着学生摆脱了被动的地位，成为积极主动的学习者。这也是情境教学过程审美化不可缺少的一个重要条件。它对自主性原则的贯彻，主要通过“角色效应”强化主体意识来实现。具体而言，就是情境教学活动中经常采用的角色扮演。其中出现的“有我之境”和“设身处地”的角色效应，使学生自然而然地按照角色的要求来思考、行动，仿佛自己真的成为角色所代表的那个主体，使自己同角色同一化：角色的所思所想、所悲所乐、所爱所恨，都成为学生自己的亲身感受。此时，学生的全部身心都投入到了教育教学活动中，成为真正的主体，不知不觉地把教师创设的活动承接过来，从对教育教学内容的习惯性“等待给予”转变成迫不及待地“主动接受”。学生的主体意识得到强化。这是一个“进入情境—担当角色—理解角色—表现角色—与角色同一”的过程。可见，自主性原则使情境教学从学生的实际出发，鼓励学生独立思考，自我评价。它意味着一切活动都必须建立在学生积极、主动和快乐的基础上。

3.情境教学中终极目标的审美化

情境教学的终极目标，就是借助精心设计的教学活动过程，把教育影响渗透在活动情境之中，内化为学生的素质成分，在总体优化的基础上，实现学生身心的全面发展。情境教学在完成了教育影响和活动过程的审美化之后，直接面对的就是最后目标的审美化问题。

先来看看学生身心“全面发展”的含义。按照马克思主义哲学的观点，人的“全面发展”，指的是自然历史进程所赋予人的各种潜能素质和人的各种对象性与社会性关系，都通过人的“自由创造”活动得到充分的发挥和全面性的生成，

① 周娟娟 . 高职高专英语情境教学 [M]. 成都：四川大学出版社 ,2018.

从而“作为一个完整的人，占有自己的全面的本质”。这里的“自由创造”的活动包括人类劳动等生产实践，更主要的是指人类生产自身的特殊实践活动——教育教学活动。情境教学作为一种特殊的教育教学形式，据此而把学生的全面发展目标系统化和具体化，在对象性和情境性的审美化教育教学活动中，合规律与合目的地挖掘其潜能，形成“一切社会关系的总和”。这一方面符合人在对象性的活动中发展自身的一系列客观规律；另一方面又反映出一定社会在每一个体身上所寄予的期望。真与善统一，从而表现为一种美。具体讲就是身心发展和谐统一，具备人格的美和人体的美。基于此，我们可以将情境教学终极目标的审美化做如下分解：

第一，使学生的人格心理结构趋于完善。个体完整的人格心理结构包括认知结构（或称智力结构）、伦理结构和审美结构。其中，智力结构总是力图排除和舍弃感性的东西，追求概念化和公式化的抽象。时间长了，人就会由于缺乏感性的直观与和谐而致人格失调；伦理结构使人的行为因受外在规范的约束而显得被动，影响人格的完整和谐性；审美结构正好弥补二者的不足，使感性和理性达到统一，使人本身从被动变成主动，自然而然地获得善与真统一的愉悦。情境教学中，学生进入审美状态，获得愉悦性体验，是由于他们把握到了一种渗透着美好的情感和理想的，具有特定社会内容的，富于节奏性、平衡性和直观性的完整形式；同时，这种感性的形式还会作用于学生的思维、想象、理解等理性心理活动，使感性和理性达到一种自由和谐的统一状态。这种审美心理活动最终把学生的知、情、意诸种心理因素都调动起来，使之相互交融和渗透，既克服了认知和伦理结构的不足，又促进了它们的不断完善和发展。

第二，使学生的审美心理结构日臻完善。审美心理结构，指人们在欣赏和创造美的过程中，诸种心理能力达到相互渗透和高度活跃时形成的一种特殊心理结构。学生的审美心理结构是否完善，将直接决定着他能否把认识、适应和改造社会与自然的一切实践活动都体验为一种快乐。为了实现学生审美心理结构的这种完善化，情境教学从以下几个基本环节来构建：

诱发学生的审美愿望：教师凭借教育影响美，创设出具有美的形式的教学情境，展示在学生面前，使之因想满足审美需求而产生强烈的审美愿望。

输入审美信息：教师借助于音乐渲染、言语描绘、小品扮演和教具展示等手段，分析情境，再现教育影响的美，吸引学生的注意力。

引导学生进入审美状态：教师不断点化和启发，优化情境，使学生从对审美信息的接收过程中，感受和把握到一种渗透着知识内容和社会期望的完整形式与内容，各种心理因素活跃起来，进入一种自由和谐的状态，变成教学活动的主体，从而体会到审美的愉悦。

使学生获得审美经验：通过教师对情境内涵的不断拓展，使审美愉悦地不断积累转变成一种经验性的东西，使学生对“什么是美”有一个初步的看法。

第三，使学生的体魄朝着健美的方向发展。人的全面发展包括身心两个方面，所以学生体格发展的审美化也是情境教学的重要目标。现代生物反馈实验研究证明，快乐不但能使人心情愉悦，还能使肌肉放松，心律舒缓，协调各种心理机能，消除体内有害于健康的因素，促进有利于健康的生物化学物质的分泌，从而增强体质和体能，提高身体健康水平。为此，情境教学作为人类按照“美的规律”建造自身教育教学的一种特殊形式，以“形象”为基本手段，以“美”为突破口，以“情感”为纽带，以“周围世界”为源泉，通过“实体性现场操作”（现实情境教学）、“模拟性相似操作”（模拟情境教学）、“符号性趣味操作”（想象情境教学）等应用性操作活动，充分利用多种心理功能的和谐运动，对学生的体质结构和身体运动形式进行和谐的调控，也就是利用内部心理的和谐来调节外部形体动作的和谐。这就保证了学生的身体向匀称、均衡、比例协调的方向发展，最终实现肌体动作的匀称和谐、强壮有力、生机勃勃，达到健美的境界。

由以上三个分级目标整合而成的情境教学的终极目标，既符合学生个体在对象性活动中发展自己的一系列客观规律，又反映出一定社会和时代在他们身上所寄予的期望，真与善达到和谐统一，实现了审美化。

（三）情境教学的创造性

教学艺术就是各种创造活动的综合，教学艺术不是某种技巧，而是一种创造。情境教学本身体现着高度的创造性，情境教学的创造性主要体现在培养学生的创造性思维和训练创造性的语言方面。

培养学生的创造思维，语文课具有得天独厚的条件。因为每篇课文都是作者的创作。一名作家如果缺少创造性思维，那是绝不会写出好文章的；小学生作文也需要创造性思维；否则，学生也不会写出佳作。小学语文教学的基本任务就是要发展学生的语言。要发展学生的语言，发展学生的听、说、读、写能力，就不能用教鹦鹉学舌的方法，教一句，说一句，而要教一句会说三句。怎样才能让学生学一句会三句呢？关键就是要发展学生的创造性思维能力。

实现情境教学的创造性，训练学生的创造性思维，可从“丰富表象”做起。要使孩子们的语言丰富起来，首先要丰富其形象，头脑里积存的形象多了，就会构成学生思维的要素，就会组合成新形象表达出来。“通过观察储存表象，是培养学生创造思维的首要步骤。”这里的事例生动地记录了孩子们的“新观察”。

任何创造都离不开想象。情境教学十分重视培养学生的想象力，情境教学所设情境，往往是模拟式的，这会给学生留下想象余地。如通过教师板画，学生边看边想象；通过音乐，学生边听边想象；通过教师的语言描绘，使学生去想象。而学生的想象又会丰富情境，从而提高学生理解和语言表达的能力。

为了培养学生的创造能力，情境教学也很重视发展学生的求异思维，培养学生思维的广阔性和灵活性。“在求异中，往往会闪动着学生创造性的智慧火花。”首先，注意激发学生求异的情绪和兴趣。其次，设计相应情境，为求异提供可能：一是情境内容上，为学生进行求异思维提供可能；二是设计的训练，要多种形式、多层次、多答案。

（四）情境教学的开放性

要提高高职学生的英语表达能力，只靠课堂教学是远远不够的。而情境教学打开了课堂教学的大门，突破了教科书的局限，在课堂教学和教科书之外，为学生开辟了两条道路：一是带学生走入生活，走入大自然，走入社会；二是要学生进行大量的课内外阅读。

教学观察，不能仅仅限于课堂内、校园中，而要经常把学生带到大自然中去，带到生活中去，在观察玩赏中，就生活中提供的景、物、人创设生动鲜活的情境，自然有序地训练学生的语言。

总之，情境教学是活生生的素质教育方式，是以发展学生德、智、体、美全面素质为目标的教育方式；是以学生为主体，以激发学生的情意为动力，以人为本的教育方式。在情境教学过程中，我们看到了学生心灵个性的发展。

第二节　情境教学法课堂实践

一、英语教学与情境教学法结合的必要性、重要性及意义

（一）情境教学的必要性

情境教学法也叫视听法，是在听说法的基础上发展起来的一种教外语的方法。在听说法的理论基础上，情境教学法创设了自己的特色。首先，情境教学法重视听说、强调看，就是在外语课上，教师应该利用各种手段创设与所学内容相符的情境画面，让学生边看画面，边练听和说，身临其境地学习外语。其次，情境教学法也重视句型教学，它强调通过情境操练句型，操练在某一场合下一些常用的意思连贯的句子，使学生掌握在一定场合下常用的生活用语。最后，应用情境教学法教学需要大量的准备工作。情境教学强调情境，所以教师得做大量的教具，为创设情境做准备。

“兴趣是最好的老师。”而就目前我国的英语学习现状来看，学生被动接受英语学习，就像是戴上脚镣跳舞的奴隶，课堂气氛沉闷，进而使学生产生厌烦心理，大多数情况下，学生听讲、做笔记甚至是抄笔记，根本不动脑筋，也不理解所学的知识。总而言之，教师的话语总是多于学生的话语，再加上缺少母语环境，导致“哑巴英语”的现象日益增多。这一现状让人担忧，而情境教学法以美为突破口，以情为纽带，以思为核心，以活动为途径，以周围世界为源泉，这样的方法很适合学生学习，也很有必要与情境教学法结合，教师可以创造各种语言学习环境，让学生亲身体验，以此来激发学生学习的兴趣，提高学生的综合素质。

（二）情境教学的重要性

我国著名教育学家朱绍禹先生曾经指出：“教师的基本作用在于创造一种有利于学生学习的情境，这既要靠教师的知识经验，还要靠他们的艺术和品格；而

表明良好学习情境的标志是使学生有广泛的思考自由……”[①]这种情境，不同于一般的教学或艺术上的情境，而是一种促进学生学习主动发展、自由思考的教学情境。如果用系统的观点来考察的话，教学情境包括学科的因素、人的因素、物的因素，这多种因素的巧妙结合，才能成为教学情境。在这三个因素中，人的因素是第一位的，英语学科因素靠人去掌握，物的因素依赖人去创造。可见，以上几个因素中，最关键的就是教材、教师、学生三个基本因素，它们之间的关系是：教师依据教材创设教学情境，让学生置身在这个情境中，使学生入境而感受美—爱美而动情—理解而晓理，充分做到“形真”“情深”“意远”“理念寓于其中”，达到教材所要求的目标，这就是英语情境教学的实质。在教材一致、学生对象不变的情况下，教学情境的创设主要依赖教师的知识、经验及艺术和品格了。

1. 情境教学在高职英语课堂中运用的必要性

所谓情境教学就是教师运用一定的手段，创设所需要的教学情境，使学生根据这种特定的情境理解和运用知识。它可以从多方面激发学生的感知，调动学生的积极性和参与意识。运用情境教学到课堂教学中，很大程度上提高了课堂教学效果。

2. 情境教学有助于培养和提高学生学习英语的兴趣

在高职阶段学习英语，兴趣尤其重要。我国的学生在学习英语时缺少像学习母语时的真实语言环境，兴趣也难以得到提高。利用情境教学为学生创设听说英语的语言氛围，刺激学生感官，对培养和提高学生学习英语的兴趣很有帮助。

3. 情境教学有助于培养学生运用英语的实际能力

我们学习知识的目的是为了更好地运用知识，这一点在语言教学中尤为突出，英语教材中教学内容均放在一定的语言环境中。我们根据教材的具体内容，经过自己的加工，给学生设置一个切实可行、恰如其分的语境，学生也就自然而然地随着我们的引导进入角色。如在教学购物单元时，教师可以根据本课的词汇和对话将课堂设计成一个商店的场景。在情境中学习、在情境中运用，这样可以使学生更清晰地理解对话的含义，更能使他们身临其境，从而激发他们的兴趣，使他们积极专注地进行新知识的学习。

4. 情境教学有助于学生掌握知识，突破难点

英语教材中的有些难点和重点直接表达出来非常枯燥、乏味，学生听起来

① 朱绍禹 . 教育实习全程解说 [M]. 太原：山西教育出版社 ,2005.

不一定能理解，但是放在一定的语言环境中去引导学生学习就轻松多了。如在教学中有这样的对话："Who's your math teacher?" "Mr. Zhao." "What's he like?" "He's thin and short. He's very kind。"学生直接这样学很枯燥并且很难掌握，因此可以利用多媒体，将教师在教室上课的情境照片展示在大屏幕上，让学生一看就知道自己的老师，要他们描述这些老师的特征，学生很感兴趣，都想描述，这样他们不自觉地就学会了较难的句子，并能灵活地运用。因为不同老师的特征是不同的，实际上要求学生对前面词汇也要很好地掌握，学生为了想说，会想办法去记这些单词。

5.消除学生的紧张心理

教学艺术的魅力在于情感。情境教学法重视学生的情绪情感生活，集直观性、启发性、形象性、情感性于一体。情境教学的创设切合学生实际、切合教材内容、切合语言交际的实际，新颖而富于启发性。教师在课堂上应调整对学生的情感，在举止、眼神、语言上使学生感到和蔼可亲、可信，学生就会消除紧张恐惧的心理，踊跃发言，变被动学习为主动学习，为学好该科奠定了可靠的心理基础。古人云："亲其师，信其道。"如果一个教师关心、爱护、尊重学生，学生也会爱老师、尊敬老师，还会把对老师的热爱转移到他所教的科目上，他们也会对自己充满信心。

6.吸引学生的注意力

心理学家告诉我们，"注意"是学生认知客观世界，获取知识，发展智力和培养能力的基础。因此，作为教师我们应该采取受学生欢迎的教学方法，努力把课教得形象生动，最大限度地减少和排除分散他们注意力的各种干扰因素。而情境教学法就是设法创设各种生动有趣、贴近学生生活的情境、画面，集中高职学生的注意力，调动他们的积极性，使他们寓乐于学、寓学于乐，学有所乐、学有所得。

7.降低学生的理解难度

情境中创设的语境是语言赖以生存和发展的环境，也是语言交际所依赖的环境。语言意义的理解，以及语言功能的实现皆须通过语境。情境教学法正是要想方设法利用各种手段为学生创设一种学习英语的语言环境。在相应的语言环境中完成教学内容，降低学生理解语言的难度。

二、高职英语课堂中运用情境教学

情境创设是情境教学的重要环节，也是情境教学的核心。在高职英语教学过程中，教师根据教学目的、授课内容及教学对象的认知水平、心理特征等，适时、恰到好处地创设与教学内容、教学目的等相符的场景，营造氛围以帮助学生正确理解所学知识，激发学生主动学习的兴趣，实现学生的情感体验，促进学生的心理机能全面发展，从而达到最佳的教学效果。在英语课堂中如何选择和运用情境教学，主要取决于教材的语言特点、教学目标和重点难点。

（一）运用直观教学手段和创设情境，激发学生求知欲

运用直观教学手段创设情境，可以通过以下三种方式：实物、图片和肢体语言，实物和图片主要用于单词教学中，如水果、蔬菜、颜色、动物等可以用实物或玩具。而生动形象的图片对于那些在现实生活中难以找到的东西也是行之有效的。如教授自己家的房间的词汇时，可以利用图片和肢体语言让学生在情境中学习，学习“living-room”就做换频道的动作，“bedroom”就做起床的动作，“kitchen”就做炒菜的动作，等等。

实际情境贴近学生实际生活，为所有的学生所熟悉。众所周知，“good morning, hell”这样的句子，绝大多数学生都会运用。如“bye-bye”更是连几个月的婴儿都能理解和运用。为什么？就是因为实际情境的运用赋予了这些句子极强的生命力。

当前的高职英语教材内容都与学生的日常生活密切联系，这就要求我们英语教师在备课时，要认真地钻研教材，并根据实际巧妙地启发学生，使其把所学的英语与实际情境结合起来并加以应用。如某教师在讲授“making our world more beautiful”这一课前，收集了有关环保的知识，了解了班里的卫生情况。于是，在巩固练习的时候，他设计了几个问题让学生回答：

Who’s on duty?

Can you sweep the floor?

Is your classroom dirty or clean?

What things can harm the environment?

What should we do to improve our environment?

这样，学生把课堂教学与周围的环境联系，然后教师把收集到的资料、图片和环保的宣传资料，环保的画面，播放环境的VCD给学生看，学生看到这些资料时，就会意识到环保的重要性。

教师要最大限度地利用教室里现有的人、实物设置情境进行教学。例如，在操练“have you got...?”句型时，可直接利用学生自己有的书、字典、尺子、铅笔等，让他们两两或小组演示情境，练习向别人借东西的习惯用语。如向别人借字典时，可这样进行：“Excuse me, have you got a dictionary?” “I think I’ve got one. Yes, here you are.（Sorry, I haven’t got one. Ask Li Lei.）”

巧用实际情境的方法使枯燥的长篇英语课有趣起来，这样不仅锻炼了学生的想象能力，还提高了学生的口语表达能力。学习英语的最终目的是能在真实的语言环境中进行交流，这就要求教师不仅要向学生传授语言专业课程知识，更要培养他们用英语进行现实生活交流的能力。在我国的高职教育中，无论是从市场就业需求还是从国家政策来看，我们的公共英语教学都应该以促进就业、适应工作过程交流为导向来进行英语课程改革。情境教学法是指教师在课堂上设置一些真实性和准真实性的情境来学习和使用知识，它能使学生身临其境或如临其境，使学生从形象的感知达到抽象的理性思维和顿悟，从而激发学生的学习兴趣，使学习活动成为学生的自觉活动。

（二）运用电教媒体创设情境，培养学生积极参与情境交际

电教手段有很多，如幻灯、录像、录音、CAI等。录音机是英语教学中使用最多的，操作方便又容易控制的教学媒体。它可以提供真正交际语言范例，可播放英语歌曲、配乐小诗、童谣、故事等。录像的优点是声、画结合，再现真实情境，让学生能轻松地理解对话的意思并尽快地模仿。一般在教学中遇到教材内容离学生的生活较远，时间跨度较大，文化背景知识复杂，传统的教学手段如实物、卡片等难以奏效时，可运用现代化的教学手段，引入新课。向学生展示一个声、像、图文并茂的信息窗口，为学生营造生动、活泼、直观、有趣的教学情境，可以积极地调动学生的学习热情，激发学习动机。

1.实物对话

高职学生词汇量有限，所以教师在运用实物对话时应用一些词汇、句法较为简单而又明了的句子，使学生听到的和努力去说的英语具有强烈的真实感。如教

师可指着自己的黑头发说："This is my hair." "It's black." 有时教师还可把实物演变为一些简单的游戏形式，以加深学生的印象，如教师指着自己的鼻子说："This is my ear.Is that right?" 学生便会很主动地回答："No, it's your nose." 有时，学生会因由此物联想到彼物，产生一些新的信息，增加词汇量，教师也可在课前准备一些小件物品放在提包里，以便拿给学生看，还可根据实物进行各种形式的提问。这就是我们《英语教学法》上讲的直观教具教学。如教师在教关于时针那一课时，可以事先预备一个闹钟，那么上课时就可以指着闹钟的各个部件来解释课文，这种具有强烈真实感的实物既利于理解有关课文内容，又有助于学生的形象记忆，以便达到运用英语的目的。

随着学生学习的进展，可以扩展环境，教师可以让学生描述实物，然后进行讨论，当然教师使用的实物应根据课文内容来选择，使学生加深对所教内容的理解。

2. 动作对话

动作对话的根本作用在于对动词的运用，让学生在通过动作对话掌握动词的用法与时态的运用的同时，还可以增加情境中的新信息即新的词汇。

教师针对课本中的内容表演出一些动作，然后说出所做的动作，如knock（at）、stand（up）、sit（down）等，并且注意时态的形成，教师边说边做，便在学生的头脑中产生信息反馈，留下连动式印象。教师还可以在课堂中向学生报出一些动作，然后要求学生按照所举出的动词做出相应的动作，可以一个、两个或者一组甚至全班同学都可参加，这样一来，学生都跃跃欲试，大大地激发了他们的积极性，在训练听说的过程中又锻炼了学生的表演能力。当然教师在此过程中应举一反三，可以运用各种时态、各种人称及不同的时间、地点状语，使学生能更加熟练地掌握和运用英语。

如果条件允许的话，我们还可以把动作对话发展成哑剧或者小品的表演形式，让学生用适当的语言来描述所做的动作，猜测表演者所要表达的思想，使活动成为一种有相当竞争性的游戏，内容丰富多彩，从而激发学生学习英语的兴趣。

在动作对话的过程中，教师在达到自己的教学目的的同时，还要有所控制地让学生用这些动词进行自由表达，这样使学生在无意识的实践中掌握了所要学的语音、语法、句法等。这也就达到了学习英语的最终目的——交际。值得注意的是，所描摹的动作中生词率一般情况下不要超过百分之五。

3.图像对话

教师可根据课文设计一个情境，在课前画成一幅画，上课时就请学生进行角色表演，认真描述图中情境，引发学生对课文内容的兴趣，激发他们听英语的欲望，使他们不由自主地去理解和掌握课文内容。例如，在学习有关问路的对话“Excuse me, which is the way to the east street hospital?”时，教师可以在课前设计一幅从所在中学的位置到另一个地点的路线图，然后根据画面的路线要求学生以一问一答的形式进行问路对话，经过哪几条街或路，乘哪几路公共汽车，其中拐了哪几个弯……这样学生便会很快掌握课文中的对话，既巩固了所学习的知识，同时也复习和巩固了一些常用的词汇及它们在语言中的运用。

教师也可以根据当时当地的实际情境，画出一些带有工厂、商店及其他建筑之类易于理解的直观图面，让学生进行描摹交际。在这种对话的过程中，要求学生反复使用或活用所学过的语言，锻炼其表达的连贯性，培养学生用简单的日常英语直接地表达自己思想的习惯。

4.连锁对话

连锁对话是一种具有广泛趣味性的练习形式。学生在对话中可以应用所学过的各种表达方式及其语言结构。教师可让学生把课文作为起点，然后发展出各种形式的问答句，采取分组分批的方式进行连贯性的对话。

温故而知新，我们还可以综合本学期或在此之前所学过的内容进行自由式的连锁对话，这个办法尤其适用于上复习课。如我们在前面的部分学了一般将来时、现在进行时和过去进行时态，那么我们就可以让学生根据所学的时态并综合以前的现在时态、过去时态等进行连锁性的对话，相互询问这几天来所做的事情、正在做的事情及以后几天的打算。

在适宜的情况下还可以让学生凭借自己所想象的情境编出一些具有创造性的故事情节，以活跃课堂气氛，学生在此情况下就会竭尽全力运用他们所能够想得到的任何例子。当然这种连锁对话是在构思的情境中进行的，教师不能过分要求学生有很强的逻辑性，而应让学生尽可能顺着自己的思路进行表达，相互补充对话情节。这种对话情绪激动时可以感染全班同学，激发学生学英语、说英语的积极性，培养学生在实践中创造性地运用所获得的言语技巧，使学生在交际过程中学会言语反应。

（三）创设情境，开发学生的创造潜能

运用情境法进行教学，把枯燥的语言知识变为学生喜闻乐见的语言实践活动，能激发学生的学习兴趣。但是，如果我们的教学只是局限于一成不变的情境，那么高职学生在一定的操练之后会感到厌烦，这就要求教师要善于驾驭课堂的教学节奏，适时地拓展情境，让学生创造性地把学过的知识表达出来，这对于提高学生的语言交际能力，无疑是大有裨益的。

1.运用丰富的想象力创设情境

在培养学生运用语言实践的时候，教师可以鼓励学生自己创设情境，组成对话。教师让学生自己想象一个情境，把学生所学的语言表达出来。有的设计成在生日盛会上的对话，有的设计成医生和病人在医院的对话，有的想象成在学校新生报名时的情境，等等。这样变被动为主动，培养和提高了他们的创造能力。

2.表演、游戏、故事创设情境

大部分学生喜欢表演，通过学生自己表演或创设情境做游戏，容易激起学生的情感体验。如在教“Giving Advice”这一课时，首先创设一条主线：“Student A failed the English exam, he/she feel very frustrated. Student B try to encourage him/her and giving some advice on English learning.”

A同学英语考试不及格，感到非常挫败，B同学试着鼓励他并给他提了一些关于英语学习的建议。

同学们会运用提建议的句式，如：“I suggest…”“why not…”“You'd better…”有的学生还上台来表演，大家都兴致盎然地去学习跟故事有关的内容。这个情境的创设，不但让学生巩固了知识，而且对学生也进行了一次极好的情感教育。

3.讲故事创设情境

学生都对故事感兴趣，若讲课前把当天所学的内容编成故事，就抓住了学生的好奇心，吸引了他们的注意力，从而引导他们兴趣盎然地去学习跟故事有关的内容。

（四）改变教学环境，创设更广阔的情境空间，调动学生的学习积极性

对于跟我们现实生活很贴切的教材内容，教师可以大胆改变教学方法，把学

生带到教室外面，让他们到实际生活中去感受，体会真实的情境。这样不但提高了学生的兴趣，加深了他们的印象，还锻炼了她们的实践能力。

高职英语的教材内容大多与学生的日常生活密切联系，但这些内容不可能正好与我们教学的实际情境相吻合，因此，我们英语教师在教学这方面要创设情境，调动学生的学习积极性。教师在创设情境时，应密切结合教学内容和学生的需要，所设情境要贴近教材内容并符合学生的认知水平和心理特征，努力做到教材、情境、学生高度协调统一，只有这样，才能充分发挥情境的作用。

如讲授“the high jump”和“the long jump”两个短语时，教学时如果在黑板上画上“跳远”“跳高”两幅简笔画，学生就很容易理解这两个短语的意思。再如“what’s he/she doing”主要是学习和操练现在进行时。教师在黑板上画上男孩或女孩放风筝、做作业、跳高、跑步、看电视等若干简笔画，学生会很快地表达出：“She’s flying a kite. She’s doing homework. He’s running. He’s watching TV.”

创设情境有多种方法，有用语言假设的抽象情境，有用画面创设的直观情境，有用音像创设的情境。教师在设计教学时，应用什么方法取决于教学的实际情况，尤其要符合学生的实际，既利于激发学生学习的积极性，又利于教学目标的实现和教学内容的落实。

参考文献

[1]王蜜蜜.高职院校英语课程改革研究[M].北京：中国书籍出版社，2023.

[2]邵韵之.高职英语教学与翻译研究[M].长春：吉林大学出版社，2023.

[3]赵倩倩.高职英语教学理论与模式创新[M].长春：吉林大学出版社，2023.

[4]赵丽.现代高职英语教学与创新实践[M].长春：吉林出版集团股份有限公司，2023.

[5]朱珍.高职英语教学的模式与方法研究[M].长春：吉林出版集团股份有限公司，2023.

[6]郑梅，刘春艳.跨文化背景下高职英语教育创新理论研究[M].长春：吉林出版集团股份有限公司，2023.

[7]邹雯.基于成果导向的高职英语教学改革研究[M].北京：中国原子能出版社，2023.

[8]王盼盼.英语教学与教师职业素养研究[M].长春：吉林大学出版社，2023.

[9]苏婷婷，董霞，靳慧敏.互联网背景下的大学英语教学创新研究[M].北京：中国书籍出版社，2023.

[10]刘延玫.应用语言学视域下的当代英语教学新探[M].长春：吉林人民出版社，2023.

[11]袁园.信息化背景下的大学英语教学改革研究[M].哈尔滨：哈尔滨出版社，2023.

[12]孙铭阳.高职英语教学模式改革研究[M].长春：吉林出版集团股份有限公司，2022.

[13]马骏.基于职业能力培养视角的高职英语教学模式研究[M].长春：吉林出版集团股份有限公司，2022.

[14]孙瑜.信息化背景下高职英语教学改革路径创新研究[M].延吉：延边大学出版社，2022.

[15] 侯晓慧 . 高职英语教学的方法研究 [M]. 长春：吉林出版集团股份有限公司，2022.
[16] 段潇乐 . 高职英语教学模式和方法研究 [M]. 长春：吉林出版集团股份有限公司，2022.
[17] 孙晓茜 . 高职英语教学理论及实践应用研究 [M]. 长春：吉林出版集团股份有限公司，2022.
[18] 谭丁 . 英语教学与就业能力培养 [M]. 延吉：延边大学出版社，2022.
[19] 范燕丽 . 英语教学设计基础与教学策略研究 [M]. 长春：吉林出版集团股份有限公司，2022.
[20] 周雪 . 多元视域下的大学英语教学研究 [M]. 北京：中国商业出版社，2022.
[21] 刘潜 . 语言学与大学英语教学融合探索 [M]. 长春：吉林出版集团股份有限公司，2022.
[22] 苏一凡 . 多模态英语教学理论与实践 [M]. 北京：中华工商联合出版社，2022.
[23] 高芳，李敏 . 信息化环境下的英语教学研究 [M]. 北京：中国商务出版社，2022.
[24] 李志坤，龚明星 . 英语教学与思维培养研究 [M]. 武汉：华中师范大学出版社，2022.
[25] 张慧 . 信息化背景下大学英语教学与创新思维研究 [M]. 北京：中国纺织出版社，2022.
[26] 王娟 . 高职英语教学与教师职业能力培养研究 [M]. 沈阳：辽宁大学出版社，2021.
[27] 黄华 . 大数据背景下高职英语教育教学创新研究 [M]. 长春：吉林人民出版社，2021.
[28] 程兴亚 . 高职英语教育与教学实践 [M]. 长春：吉林教育出版社，2021.
[29] 岳春秀，王巍 . 高职英语教育与教学创新实践研究 [M]. 长春：吉林人民出版社，2021.
[30] 李健民，李丽君 . 高职英语行动教学模型的构建与实践研究 [M]. 北京：光明日报出版社，2021.